CULTURA E SOCIETÀ

Nello Barile

Il marchio della paura

Immagini, consumi e branding della guerra all'Occidente

Egea

Impaginazione: Compos 90, Milano

Via Salasco, 5 – 20136 Milano
Tel. 02/5836.5751 – Fax 02/5836.5753
egea.edizioni@unibocconi.it – www.egeaeditore.it

Prima edizione: settembre 2016

ISBN 978-88-238-3593-1

Stampa: Geca Industrie Grafiche, San Giuliano Milanese (Mi)

FSC www.fsc.org MISTO Carta da fonti gestite in maniera responsabile FSC® C007287

Questo volume è stampato su carta FSC® proveniente da foreste gestite in maniera responsabile secondo rigorosi standard ambientali, economici e sociali definiti dal Forest Stewardship Council®

Quando si parla della morte di Dio s'intende lo svanimento del limite inviolabile oltre il quale l'agire umano non può andare. La tecnica è l'enfatizzazione estrema di questa oscillazione, è l'inveramento estremo di questo movimento, nel senso che essa garantisce la capacità di trattare tutto come oscillante tra l'essere e il niente.

Emanuele Severino

[...] si sono appropriati di tutte le armi della potenza dominante. Il danaro e la speculazione in borsa, le tecnologie informatiche e aeronautiche, la dimensione spettacolare e le reti mediatiche: della modernità e della mondialità hanno assimilato tutto, senza cambiare obiettivo, quello di distruggerle... il terrorismo, come i virus, è dappertutto.

Jean Baudrillard

Indice

Introduzione 1

Il tempo della paura 9

Il lato oscuro del glocale e la questione del nichilismo 27

L'estasi del terrore e il consumo della violenza 39

Attacco all'Occidente e/o al villaggio globale 51

Il consumo come innesco della violenza: il doppio legame 75

Il consumo come obiettivo: dalla logistica ai luoghi del loisir 95

Estensione del dominio e della marca: da al-Qaeda all'ISIS 107

Identità «oscillanti» tra anomia e radicalizzazione 123

Sottocultura e lifestyle del foreign fighter 135

Media e terrore: dalle decapitazioni seriali alla jihad algoritmica 147

Bibliografia 163

Introduzione

La scrittura di questa introduzione avviene a cavallo tra la notizia dei due nuovi attacchi terroristici negli Stati Uniti (insieme all'ordigno inesploso e a un pacco bomba ritrovato in un cassonetto nel New Jersey) e lo srotolamento del dibattito tra politici, giornalisti ed esperti accreditati che affollano l'arena mediatica internazionale. Si tratta di una serie di eventi particolarmente significativi perché in primo luogo rilanciano l'offensiva del terrore dopo un inizio estate funestato da numerosi attacchi e una pausa estiva in cui altri eventi catastrofici, come il terremoto in Centro Italia, avevano oscurato la paura dell'ISIS. Inoltre i nuovi attacchi confermano alcune tesi discusse in questo libro.

In primo luogo, la bomba confezionata in maniera «artigianale» con una pentola a pressione, chiodi ed esplosivo, dà continuità a ciò che Augé (2003) in seguito all'attacco alle torri definì «globalizzazione artigianale». Come ha ben illustrato Massimo Gaggi, questo tipo di attacchi si iscrivono in una tradizione inquietante di terrorismo fai da te; difatti «l'uso di armi rudimentali non è certo tipico degli interventi di centrali terroristiche ben organizzate, ma nell'attentato di San Bernardino di quasi un anno fa la coppia di musulmani integralisti che fece strage con le armi automatiche cercò anche di far detonare delle *pipe bomb*: senza successo» (Gaggi 16/9/2016). Lo stesso ordigno che fu utilizzato qualche anno fa durante la maratona di Boston dai due fratelli ceceni, ora è usato per seminare il panico nel quartiere di Chelsea.

Qui la seconda conferma, ovvero il fatto che gli attentati terroristici in Occidente continuano ad attaccare i luoghi del divertimento e del *loisir*, calcando un modello che ha raggiunto la sua dimensione più tragica nel novembre del 2015 con la strage del Bataclan. Al momento l'FBI ancora non ha appurato la matrice dell'attentato, ciononostante la politica americana si è immediatamente attivata per esorcizzare dal lato dei democratici, o cavalcare dal lato dei conservatori, la belva dell'attacco jihadista. Questo per due motivi: *in primis* le elezioni presidenziali di novembre che potrebbero risultare profondamente condizionate dagli attacchi; in secondo luogo, l'Assemblea Generale delle Nazioni Unite, su cui peserà fortemente il clima d'incertezza e di pericolo imposto dalle vicende citate.

La terza conferma, che discuterò nella parte finale del libro, è la volontà da parte dell'ISIS di investire nel processo di autoradicalizzazione e in quella che potremmo definire jihad DYI (do it yourself). Sebbene ad alcuni analisti tale tipologia d'azione possa sembrare un segno di debolezza dell'organizzazione (Orsini 19/9/2016), che non ha modo di radicarsi nel territorio americano e di colpire in modo più strutturato, a ben vedere tale modello è quanto di più avanzato e destabilizzante si possa immaginare. Esso difatti penetra nella dimensione banale del quotidiano e la trasforma in ciò che Appadurai ha definito un «incubo dadaista» (Appadurai 2006, p. 17). Il terrorismo difatti non sfrutta tanto la conta dei morti, che invece caratterizza, direbbe Elias Canetti (1979), il conflitto classico. A determinare il successo mediatico dell'azione terroristica giocano numerosi fattori, il più delle volte di carattere simbolico come il luogo, i protagonisti, le modalità di esecuzione dell'attacco, la morte dell'attentatore ecc. Il fatto che, grazie alla strategia dei lupi solitari, il brand ISIS si sia totalmente insinuato nella vita quotidiana, sfruttando cognitivamente e somaticamente soggetti considerati spesso come scarti della società, come il folle che in Minnesota ha accoltellato otto persone chiedendo loro se fossero musulmane, dovrebbe far molta più paura di un attentato pianificato in stile paramilitare. Soprattutto per via della sua capillarità e della sua riproducibilità potenzialmente illimitata.

In uno slancio di ammirevole ottimismo, Orsini rispolvera i concetti chiave della visione liberale per dimostrare la superiorità di quest'ultima sull'oscurantismo del terrore, dato che «la mancata penetrazione di al-Qaeda e dell'ISIS nel tessuto americano consente di cogliere un punto di gigantesca importanza nella lotta culturale contro l'estremismo jihadista», difatti «a differenza di quanto sostengono i "nemici della società aperta", le società liberali non sono travolte da quella crisi di valori che alcuni descrivono» (Orsini 19/9/2016). La netta contrapposizione tra la chiusura neoarcaista e tribale del terrorismo e l'apertura popperiana delle società liberali rappresenterebbe non solo la posta in gioco ma anche il motivo che giustificherà l'ineccepibile vittoria delle seconde sul primo.

Al contrario di questa rappresentazione di uno scontro frontale, manicheo e razionale tra le due fazioni, una quarta tesi che attraversa tutto il libro discute l'inquietante prossimità, l'effetto di rispecchiamento reciproco in ciò che siamo abituati a percepire come altro da noi o come proiezione rovesciata della nostra identità culturale, secondo una modalità che è stata ben spiegata dalla nozione di Orientalismo (Said 1991). Al posto di un confronto frontale, ciò che per sua natura il terrorismo vecchio e nuovo sfrutta è una modalità di lotta interstiziale, ambigua, multitasking e virale. Inoltre, al contrario del *wishful thinking* liberale e neoliberale, qui il problema è dato dal fatto che il terrorismo sfrutta gli stessi dispositivi della visione globalista e neoliberista per riprodursi. Tra cui non ultimo il potere cognitivo del brand e le innovazioni comunicative del social media marketing, fino all'uso tattico dei cosiddetti algoritmi di raccomandazione (che discuteremo nell'ultimo capitolo).

Infine, come quinta conferma delle tesi presenti in questo libro, il rapporto con i media è diventato sempre più articolato. Come ricordava McLuhan, intervistato sugli attentati delle BR in Italia, lo scopo principale dei terroristi era quello di manipolare i manipolatori, ovvero i media (Stille 23/3/1978). Nonostante, come si vedrà, questo terrorismo mostri caratteristiche del tutto diverse da quello ideologico ed europeo, tale vocazione a manipolare, o più semplicemente manovrare, il sistema dei media persiste. L'esempio più palese, in occasione degli ultimi attentati americani, è quello del doppio registro. Da un lato, la rivendicazione dell'attacco in Minnesota, rilasciata dall'agenzia Amaq, rilancia il dibattito sui lupi solitari e sul cappello messo dall'ISIS sui gesti di persone spesso squilibrate e senza una storia di radicalizzazione alle spalle. Dall'altro, la non rivendicazione dell'attentato di New York produce un'atmosfera di tensione che tiene in ostaggio l'opinione pubblica americana e globale, insieme a politici, giornalisti e analisti. Saranno stati quelli dell'ISIS oppure qualche altra forma di terrorismo interno? Forse per la prima volta viene messo in scena lo psicodramma dei politici americani che si arrampicano sugli specchi pur di negare la matrice jihadista, prima ancora che le indagini l'abbiano smentita. In un tentativo non troppo efficace di contenere il fenomeno, il sindaco di New York Bill De Blasio discetta surrealisticamente sul fatto che si tratti di un atto «intenzionale» e che una bomba artigianale in un luogo pubblico è «genericamente» considerata un atto terroristico, ma non necessariamente internazionale. I media gli vanno dietro modificando i titoli d'apertura dei propri siti. Anche Andrew Cuomo interviene quasi a sostegno delle tanto tautologiche quanto imprecise constatazioni del sindaco, ammettendo che se c'è una bomba siamo certi perlomeno che si tratti di terrorismo. Sul fronte più alto, quello della competizione elettorale, Donald Trump non perde neanche un secondo per tirare le somme e rimarcare il suo posizionamento identitario populista: l'America è di nuovo sotto attacco, sono tempi duri dunque servono metodi duri e un uomo forte al comando. Allo stesso modo Hillary Clinton, guarita da poco dall'attacco di polmonite, usa l'evento come un elemento decisivo per marcare la differenza tra la sua proposta e quella del competitor: bisogna prima appurare i fatti, chi non attende i dati della realtà per decidere non può occuparsi di politica alta. Che si appuri o meno la matrice jihadista dell'attentato, è certo che la presenza dell'ISIS nell'immaginario politico globale è a dir poco influente. Se dovesse venire appurata la matrice jihadista, la scelta di rivendicare l'attentato minore, quello del cane sciolto fai da te, al posto di quello più organizzato in perfetto stile stragista, mostrerebbe la capacità dei terroristi di giocare con il sistema politico e dei media e di generare incredulità, disorientamento, confusione. Di fronte a questa forma di dirigismo, i tentativi della politica, specialmente dei democratici da Obama a De Blasio, di scongiurare la psicosi del nuovo terrore e la sua associazione con il mondo islamico, non sembrano sortire gli effetti desiderati. Dunque l'operazione, più che una sottile strategia comunicativa, rischia di apparire come un virtuosismo mediatico da vecchia tecnocrazia.

Come si è forse capito, questo libro propone lenti diverse attraverso cui osservare il fenomeno che ha segnato la nascita del nuovo millennio, marchiando la cultura globale che sino ad allora si era nutrita di ottimismo e d'euforia. Le lenti sono la riflessione filosofica, la sociologia e la brand communication. L'oggetto dell'osservazione è il nuovo terrorismo globale: oggi uno dei fenomeni più discussi da stampa, analisti e accademici internazionali. Addirittura potremmo quasi parlare di una mutazione dell'esperto di terrorismo che, se fino a pochi anni fa si proponeva con un'immagine sobria, distaccata, talvolta triste, oggi invece s'è trasformato in una figura giovane, vitale e *cool.* Forse perché nel frattempo il terrorismo stesso ha cambiato i propri registri e lo stile con cui comunicava la sua «missione». Ha iniziato a usare le tecniche più innovative della comunicazione visuale, dalla grafica alla post-produzione. Ha assoldato tra le sue file soggetti provenienti dalle sottoculture, in particolare dalle scene hip hop delle metropoli europee, con tanto di tatuaggi e di stili di vita estremi (come si vedrà nel penultimo capitolo). Certo, si dirà che la questione del terrorista come esempio di stile di vita non è nuova. Esisteva già negli anni Settanta ed era uno dei fattori pre-ideologici che spingevano intere generazioni verso una causa distruttiva e autodistruttiva. Un film come *La banda Baader Meinhof* di Uli Edel (2008), ha raccontato forse anche troppo romanticamente l'epopea di giovani bellissimi e pronti a tutto, insieme al processo di saldamento tra uno stile di vita estremo e un'ideologia totalizzante che si poneva come valore assoluto al di sopra della vita umana. Ma in quel caso permaneva ancora il criterio della coerenza logica, che difatti rendeva tale tipologia di terrorismo un fenomeno squisitamente moderno.

Oggi ogni coerenza logica è saltata, mentre all'ideologia si sostituisce la religione (a seconda dei punti di vista più o meno ideologizzata), che rende tali figure la rappresentazione quintessenziale della crisi e dell'impossibile ricerca d'identità dell'uomo post-moderno. Per questo motivo, come ha giustamente notato Gianfranco Marrone (2013), i loghi delle varie formazioni tendono quasi tutti ad assomigliarsi, reinterpretando un immaginario marziale, a suo modo rivoluzionario, ma comunque solido. Tuttavia, come vedremo meglio nel capitolo sul brand, il logo ISIS mostra alcune caratteristiche precise che lo distinguono all'interno della galassia di sigle del terrore. Sempre a detta di Marrone, «così come ogni brand lavora per eliminare ogni possibile divario fra l'identità di sé che tende a veicolare e l'immagine che ne viene percepita dal pubblico, analogamente i terroristi devono saper usare, coi kalashnikov, un po' di Illustrator e di Photoshop per gestire la comunicazione visiva del proprio gruppuscolo armato».

Un altro aspetto decisivo che discuteremo in questo libro è la centralità del consumo globale nell'epidemia di diffusione del nuovo terrorismo, unito alla già citata centralità del brand, da quando il consumo si è trasformato da processo materiale di uso/distruzione della merce a sistema cognitivo che sfrutta non solo la capacità d'acquisto ma la creatività stessa del consumatore. Come le marche della fase post-fordista, anche il nuovo terrore estende il proprio perimetro d'azione sulla vita quotidiana di soggetti che mettono a disposizione la propria mente, il proprio corpo, il proprio vissuto, ai fini di una causa che condividono più o meno integralmente. Essendo il consumo la dimensione superficiale attraverso cui possono interagire con i valori profondi delle società democratiche occidentali (la libertà che diventa libertà di consumare e soddisfare desideri), essi mirano a colpire i luoghi del consumo non solo perché fanno più clamore ma anche per recidere il legame ambivalente che li lega a quel mondo.

Un altro tema chiave, da cui in realtà prende piede l'analisi più filosofica del fenomeno, è il rapporto tra estremismo islamico e tecnica. Seguendo la prospettiva di Emanuele Severino tenterò da un lato di approfondire la relazione inedita che s'instaura tra la visione del nuovo terrorismo e l'uso dei mezzi che esso ha a disposizione. La ragione tecnica è pertanto sufficientemente flessibile da entrare in contatto con la visione alternativa degli estremisti, ma è anche capace di essere piegata alle finalità di distruzione dei nemici dell'Occidente. Questi in vario modo trasformano la tecnica in un boomerang che si ritorce contro il suo stesso inventore. Legato a doppio nodo alla questione della tecnica c'è il nichilismo, termine usato oggi da politici e giornalisti per indicare il nuovo tipo di combattenti (*foreign fighter*, lupi solitari ecc.) e per sottolineare il fatto che la religione gioca un ruolo secondario rispetto alla potenza dell'abbaglio ideologico su queste tipologie di soggetti.

Una riflessione più attenta ci consentirà di capire che il nichilismo non è pura brama di devastazione al di là di qualsiasi orizzonte valoriale, ma è la quintessenza della ragione tecnica, ovvero quella che Remo Bodei discute come «la filosofia del limite» (Bodei 2016). La pulsione a oltrepassare ogni limite è difatti costitutiva della modernità occidentale. Quella che vediamo nella deriva estremista è in effetti la prosecuzione di tale filosofia che viene spinta al di là del pensabile, grazie all'immaginario orrorifico costruito dai comunicatori dell'ISIS. La stessa adesione alla causa da parte di giovani provenienti dalla sottocultura hip hop è in parte determinata da questa filosofia tipicamente occidentale che ricerca esistenzialmente il superamento di ogni limite. Nonostante l'enorme utilità analitica del suo ragionamento sul rapporto tra modernità, nichilismo e globalizzazione, anche Bodei ricade in un certo *wishful thinking* di matrice liberale, volto a rilanciare la superiorità e l'apertura dell'Occidente rispetto ai particolarismi che, secondo il filosofo, nascerebbero «infatti soprattutto all'interno dei popoli e dei gruppi che sono stati esclusi dal "banchetto dell'universalismo" e che perciò rifiutano o diffidano di un gioco in cui sono abituati a perdere sempre» (Bodei 2016). Ciò alimenterebbe anche il senso di colpa dell'Occidente, cavalcato sempre più da intellettuali e persone comuni, nel tentativo di compensare gli scompensi determinati più o meno direttamente dal proprio stile di vita. Molto più interessante ai fini di questo lavoro è il punto d'arrivo dell'analisi di Bodei, partita dalla riflessione sulla tecnica e sull'oltrepassamento del senso del limite, che giunge a considerare il nucleo di valori caratterizzanti l'Occidente, per concludere con la presa d'atto che il consumo è uno dei fattori chiave per comprendere il conflitto culturale che anima la fase avanzata della globalizzazione.

Uno dei motivi più forti dell'ostilità mostrata in diversi paesi nei confronti dell'Occidente non dipende tanto dalla sua professione del credo cristiano, quanto dal fatto che la diffusione dei suoi stili di vita (anche attraverso il cinema e a televisione) minaccia consolidate gerarchie sociali, mettendo, per esempio, in discussione il ruolo subordinato della donna. Il ruolo decisivo che il consumo e gli stili di vita rivestono nella dinamica d'espansione del nuovo terrorismo islamico sarà esaminato attraverso diversi modelli recuperati dalla sociologia, dall'antropologia e dalla semiotica delle marche. Una conoscenza più profonda, e meno velata da filtri ideologici su tale oggetto, offrirà al lettore un punto di vista alternativo e non schierato sull'annosa questione. Viviamo in un periodo paradossale, in cui da un lato spicca la centralità della geopolitica e della demografia come scienze solide capaci d'esaminare i fenomeni più rilevanti nel processo di globalizzazione, e dall'altro stenta a tramontare, anzi si fa sempre più decisiva, l'importanza strategica della comunicazione, che rappresenta di sicuro l'arma più potente nelle mani del nuovo terrorismo. Per questo, specialmente negli ultimi capitoli del libro, parleremo in modo più sistematico il rapporto tra il consumo, la cultura dell'immagine e l'infrastruttura produttiva gestita dallo Stato Islamico. Perché senza un approfondimento su tali processi ci può solo essere una comprensione parziale o inficiata del fenomeno che, più d'ogni altro, ha plasmato in modo prepotente l'immaginario del nostro tempo.

Il tempo della paura

> Chi lotta con i mostri deve guardarsi dal non diventare con ciò un mostro. E se tu guarderai a lungo in un abisso, anche l'abisso guarderà dentro di te.
>
> F. Nietzsche, *Al di là del bene e del male*

> [...] getta rose nell'abisso e di': «Ecco il mio ringraziamento al mostro che non è riuscito a inghiottirmi!».
>
> F. Nietzsche, *Frammenti postumi*

I due splendidi aforismi in esergo sono connessi seppur dislocati in due diverse pubblicazioni del filosofo prussiano. La figura del mostro qui non va intesa necessariamente come l'orribile nemico che ci minaccia ma come un ostacolo o un problema (in greco *pro-bàllein*) di carattere metodologico. Come faccio ad affrontare il mostro che abita l'abisso senza prima conoscerlo? E come posso conoscerlo senza prima essere entrato in contatto con lui perlomeno sul piano simbolico e/o mediatico? E come posso farlo senza svelare aspetti reconditi di un'umanità che, seppur distorta dalla sua terribile degenerazione, appartiene sempre e comunque all'umanità stessa? Dunque, come non riconoscere in quell'entità mostruosa alcuni tratti della brutalità umana?

Affrontare il mostro che è lì fuori vuol dire anche e al contempo perdersi in quell'abisso che, mentre viene sondato dal nostro sguardo, allo stesso tempo ci guarda dentro: scruta ogni nostra minuscola ossessione trasformandola in un'azione nefasta ma anche in un messaggio pubblicitario; fa leva sull'irrisolto, sul non detto, sui nostri atavici sensi di colpa, per dare forma plastica alle nostre più remote paure e ribaltare i nostri sogni in incubi a occhi aperti.

Nel lottare con i mostri ci si può solo perdere, avrebbe detto il poeta. Ma non è detto che per vincere questa lotta ci si debba trasformare necessariamente in altro da sé. Rinunciare alle proprie conquiste di democrazia e di civiltà per regredire a uno stadio pregresso e neoprimitivo, alla ricerca di un rifugio nelle proprie supposte o effettive radici. O ancor più il tentativo di recuperare una brutalità rimossa dalla civilizzazione, che potrebbe aiutarci in questo nuovo e del tutto imprevedibile scontro delle inciviltà.

Il filosofo individua anche un'altra possibilità, forse troppo poetica, si potrebbe obiettare, ma abile e profonda nella sua potenza simbolica, nella sua capacità di trovare una via anche nella notte più oscura. Le rose gettate nell'abisso a mo' di ringraziamento al mostro sono una soluzione terapeutica non solo alla sua brutalità ma anche alla nostra che si tenta di stimolare, sollecitare e far esplodere al fine di precipitare il mondo intero in una spirale di violenza senza fine. Tutt'altro che una risposta buonista e hippie a un conflitto che ormai è tanto frammentario quanto globalizzato; semmai la proposta fattiva di un pensatore che più d'ogni altro ha esplorato profondamente il rapporto tra nichilismo e volontà di potenza. Nello *Zarathustra*, il filosofo recupera la medesima metafora che questa volta non è più riferita all'esterno ma a se stesso: «Io sono una selva e una notte di alberi scuri, ma chi non ha paura delle mie tenebre troverà anche pendii di rose sotto i miei cipressi». Dall'oscurità dell'abisso a quella della selva, luogo in cui si dirada la verità dell'essere, ai piedi della quale si trovano ancora una volta rose. Queste sono il simulacro di un'umanità resistente che, pur avendo conosciuto la brutalità del male e delle sue numerose messe in scena, è in grado di non cadere nel tranello che gli è stato preparato, evitando di rispondere a quella violenza con la stessa moneta, nel tentativo di salvare il lume in quell'abisso che la scruterà dentro, proprio grazie a un gesto esemplare, inatteso.

Certo, questa è esattamente l'accusa che i più facinorosi delle opposte fazioni muovono alle democrazie e all'Occidente intero. Essere ormai troppo molli. Non avere gli strumenti per domare l'esplosione di violenza generalizzata che non è fatta solo di terrorismo ma che in esso raggiunge l'acme e il più impressionante impatto sulle coscienze. Cosa ci sarebbe dunque di diverso in queste rose? Se non la continuità con il buonismo astratto di una visione democratica e liberal che così facendo scarica il peso del conflitto sulle classi più svantaggiate. Come resistere a un movimento che anche nostro malgrado sta precipitando tutti i contendenti in un'epoca dominata dalla barbarie? Gettare rose nell'abisso, ovvero surrogati della propria umanità, di certo non muta la condizione del mostro ma se non altro risparmia all'osservatore (come anche all'analista, al legislatore ecc.) la spiacevole esperienza di dover scendere sul suo stesso piano, confrontandosi con la sua medesima retorica e con i suoi medesimi mezzi.

Le rose sono universalmente riconosciute come metafora dell'amore, ma l'amore in Nietzsche non è certamente il nobile sentimento romantico che abbiamo imparato e che è servito a edificare la struttura di potere tra i due sessi (Illouz 2013). L'amore per la vita in Nietzsche è la risposta proattiva al nichilismo che ha avvelenato la filosofia occidentale. La vita stessa è tutt'altro che «rose e fiori»; anzi, è un cespuglio che cresce irrazionalmente e ricopre ogni cosa. Nei suoi confronti il filosofo deve rivolgere uno sguardo disincantato e ad essa deve rispondere con una dovuta dose di vitalismo.

In modo diverso, ma sempre di notevole utilità ai nostri fini, la parola poetica di Dylan Thomas viene ripresa nel 2014 da Christopher Nolan in *Interstellar* per articolare un discorso sulla natura e il destino dell'uomo, in un film che solo secondariamente parla di astrofisica e di imprese spaziali. «Non andartene docile in quella notte... infuria, infuria, contro il morire della luce». L'abisso nietzscheano risuona in questi versi che servono a Nolan per costruire un'escatologia intramondana in cui l'umanità smette di inseguire falsi idola che potrebbero salvarla dalla catastrofe: dapprima i fantasmi, poi gli extraterrestri, infine l'umanità stessa che riesce a «indiarsi» attraverso la manipolazione della gravità – resa possibile dalla scoperta di Cooper nel buco nero – che la fa trionfare sui limiti dello spazio-tempo. L'amore di cui si parla nel film, al di là di qualsiasi sdolcinato romanticismo, non è altro che la traduzione sociale e intersoggettiva della legge della gravità che regola il funzionamento dell'intero universo. Per questo Cooper ha chiamato sua figlia Murph, che gli chiede infastidita il motivo per cui ha scelto quel nome. E suo padre, quasi percependo l'avvicinamento del limite di rottura che sta per determinare un salto evoluzionistico impensabile, spiega alla figlia che: «La legge di Murphy non significa che succederà una cosa brutta, ma che tutto quello che può accadere accadrà. E a noi questo non dispiaceva per niente». L'umanità che si prepara a superare un impressionante salto evolutivo deve cambiare drasticamente, a detta del professor Brand: «Dobbiamo pensare non come individui ma come specie».

La distruzione del legame sociale a cui assistiamo oggi e i processi di contrapposizione prodotti non tanto dal conflitto di civiltà quanto piuttosto da una «civiltà dei conflitti» (Appadurai 2006) sono probabilmente dovuti all'avvicinarsi di un limite di rottura che dovrebbe consentire la transizione verso un nuovo paradigma sociale, culturale, tecnologico ecc. (De Masi 2014). La recrudescenza del terrorismo, insieme ad altre crisi come quella demografica, quella ecologica, quella economica ecc., potrebbe essere correlata all'avvicinamento del sistema globalizzato al suo limite di rottura, che indicherebbe il cambiamento paradigmatico tanto agognato da Fritjof Capra (1984) negli anni Ottanta, e ancor più recentemente da coloro che registrano la transizione verso il post-capitalismo (Mason 2015). Proveremo pertanto a seguire l'indicazione di Nietzsche nel tentativo di esorcizzare la paura, segno oramai distintivo di quest'epoca, nel tentativo d'intravedere una via d'uscita nella notte che, come direbbero in *Trono di Spade*, è «oscura e piena di terrore».

Terrore amplificato

Sul fatto che la paura sia uno strumento di controllo, di riduzione della complessità, di consolidamento di un legame in società sempre più frastagliate, sono stati scritti fiumi di resoconti da parte delle scienze umane e sociali. I vari contributi degli studiosi potrebbero essere disposti lungo un *continuum* che va da un eccesso di paranoia – ovvero la paura come strumento di attuazione del complotto universale che disegna il destino del pianeta – a un massimo di irrazionalismo, che invece vede tale sentire come un aspetto spontaneamente umano, solo occasionalmente o surrettiziamente piegato ai fini del sistema di potere dominante. Tuttavia occorre respingere la tentazione di voler ridurre il presente a schemi passati che, appunto, sono stati elaborati per rispondere a esigenze diverse in momenti e contesti differenti. Seppur ci siano delle costanti, dei pattern nei modi di infondere collettivamente il senso di paura, oggi assistiamo a qualcosa di totalmente caratteristico e a suo modo inedito.

È molto interessante il modo in cui David Lyon (2002) mette a confronto i diversi punti di vista di due grandi sociologi, Bauman e Castells, sul rapporto tra paura, identità, modernizzazione e fondamentalismo. Per Castells, «la società della rete non può fornire significati e fonti stabili di identità che un tempo erano collegati ad associazioni (incluse le chiese), partiti politici, stati nazione, o comunità locali... La costruzione dell'identità diventa una preoccupazione centrale, sia come resistenza all'esclusione dalla rete, sia come progetto di espressione della ricerca di un futuro migliore» (Castells 2002; Lyon 2002, p. 62). In altre parole, Castells considera «reattivi» al processo di evoluzione della società in rete i movimenti che fanno riferimento alle radici religiose. Il fondamentalismo in tal senso è la risposta alla paura di un vuoto d'identità che si tenta di colmare attraverso una scelta drastica e appunto regressiva. Per Bauman, invece, la questione chiave, che discuteremo meglio più avanti, è il consumo: essa diventa decisiva in quanto si sta spostando «in maniera costante e simultaneamente nella posizione di centro cognitivo e morale della vita, vincolo integrativo della società e centro di gestione sistemica» (Bauman 1997; Lyon 2002, p. 63). Per Bauman dunque «l'iper-consumismo può essere la causa del fondamentalismo», che a sua volta è considerato dal sociologo non semplicemente «come un regresso atavico ma come una risposta post-moderna all'eccesso di scelte». In un certo senso è il sistema stesso a produrre una sorta di attivazione ipertrofica del soggetto che viene sollecitato da ogni parte, specialmente dalla narrazione esperienziale che circonda i consumi contemporanei, e dunque tra tutte le possibili scelte è presente anche quella del fondamentalismo che difatti, come si vedrà, interagisce in parecchi modi con l'universo dei consumi.

Metamorfosi della paura di Roberto Escobar ha fatto il punto su un sentire in trasformazione tra gli anni Novanta e Duemila: la paura è una sorta di tecnologia cognitiva che aiuta a disegnare un'identità attraverso il senso d'appartenenza, in contrapposizione a un'alterità che è percepita come nemico. Dal grande nemico speculare e simmetrico su cui si era costruita la dottrina della sicurezza durante la Guerra fredda, si passa a un nemico più corpuscolare: lo straniero proveniente perlopiù dal Sud del pianeta, che invade i nostri territori in maniera lenta ma capillare. Il libro di Escobar prova a esaminare criticamente un fenomeno che, dal punto di vista dello stesso autore, raggiungeva già il suo acme sul finire degli anni Novanta. Con lo sguardo di oggi potremmo invece dire che tale paura era solo agli albori e che il problema dell'immigrazione impatta sull'agenda politica e sull'immaginario mediatico in maniera molto più esasperata. Tanto che molta intellighenzia di sinistra inizia a chiedersi se tanti discorsi articolati tra fine anni Novanta e Duemila, tra cui lo stesso libro di Roberto Escobar, siano ancora validi o se non addirittura partecipi alla dinamica che oggi sta nuovamente polarizzando il dibattito su tali questioni, nei paesi occidentali. Così torna la preoccupante coppia schmittiana amico/nemico, ma in un momento in cui le democrazie sono al massimo del loro sviluppo e della loro capacità di aprirsi all'innovazione sociale (per esempio le coppie di fatto ecc.). Se allora la paura era uno strumento di sopravvivenza in una società che da poco si era lasciata alle spalle modi di vita della comunità, oggi la paura pare essere una risposta incoerente a qualcosa di molto più indefinito. La comunità sopravvive in seno alla società globalizzata come impronta, come memoria deformata, come residuo storico; tuttavia resta un punto di riferimento non solo per i consumi ma anche per stili di vita che proliferano nella loro varietà e incommensurabilità.

Su una linea di pensiero non distante Iain Chambers in *Paesaggi migratori* propone una riflessione al tempo molto significativa, ma che oggi potrebbe suonare come un mantra vuoto o un punto di vista problematico, se non direttamente responsabile del senso d'impotenza e di deriva che contraddistingue rispettivamente le sinistre europee e l'Europa come progetto politico. Il suo ragionamento, frutto di una nobilissima quanto decisiva prospettiva di studio (quella di R. Williams e del CCCS – Centre for Contemporary Cultural Studies), pare talvolta un serpente che si morde la coda. La condizione del migrante, che senza dubbio è coerente con la natura dinamica e cangiante dei nostri sistemi sociali, sarebbe addirittura un «modello» del mondo contemporaneo: «il senso di sradicamento, di vivere a cavallo fra mondi diversi, fra un passato perduto e un presente non integrato, tipico del migrante, è forse la metafora più calzante di questa condizione (post)moderna. Essa sottolinea il tema della diaspora, non soltanto nera, ma anche ebraica, indiana, islamica, palestinese, e ci conduce in questi processi dove quelli che un tempo erano i margini ora ripiegano al centro» (Chambers 2003, p. 41).

Posto che tra i grandi meriti dei Cultural Studies va annoverata la scoperta del contributo di creatività e di innovazione culturale che l'immigrazione dai paesi caraibici ha apportato alla cultura inglese – si pensi solo alla musica, alle sottoculture, alla moda e allo stile che hanno definito lo stesso Made in UK –, l'insistenza dell'autore sulla letteratura post-coloniale assume oggi la forma di un'arma spuntata che, seppur apprezzata dagli intellettuali, non è affatto compresa dalla gente comune. Quella condizione oscillante, altalenante, indeterminata ecc. che si dipinge come il paradigma del nomadismo postmoderno e che caratterizza tanto il migrante quanto il presunto autoctono, è anche la base stessa su cui fanno leva le nuove forze identitarie con posizioni ideologiche certamente meno romantiche ma di sicuro più facilmente comprensibili dall'uomo comune e anche più alternative nel senso che offrono, anche se nell'errore e tramite la manipolazione, una risposta netta, semplice e alternativa a un'esigenza purtroppo concreta.

Queste forze identitarie – che forse si combattono solo retoricamente ma che tendono ad assomigliarsi sempre più – sono il populismo e il terrorismo. Entrambi promettono un ritorno alle radici, alla comunità, ai valori della tradizione, contro la visione postmoderna, post-coloniale, post-gender ecc. Per Chambers, il rifiuto del «destino dell'Occidente non implica necessariamente uno scivolamento nell'oblio storico e un suicidio culturale... invece di cercare di parlare in ogni occasione e in ogni luogo (in nome di scienza, razionalismo, tecnologia e sapere) bisogna forse abituarsi ad ascoltare: aprire la nostra lingua, i nostri principi addomesticati alle conseguenze impreviste della conversazione...» (p. 45). Tuttavia, la dinamica interculturale sta producendo uno scontro che è sempre meno macropolitico e sempre più linguistico, esperienziale, innervato nel quotidiano. Il tentativo di comprensione dell'altro, ben illustrato attraverso la metafora e la pratica dell'ascolto, è però minacciato non solo dal monologo di un Occidente sempre più razionalista e tecnocratico, ma anche dall'impossibilità di dialogare dell'altro, che nel frattempo ha assunto la tecnologia dell'Occidente e ne vuole modificare l'uso in proprio favore. Al contempo, le paure si trasformano in correnti di panico che, in accordo con i fenomeni sociali e con le correnti culturali che attraversano la nostra epoca, possono assumere diverse forme o essere innescate da diversi eventi. Le paure iniziano a fare sistema nel senso che si moltiplicano e si intersecano nello spazio della globalizzazione, cosicché lo «spazio un tempo occupato dai panici morali è stato riempito da paure, ansietà sociali e insicurezza: esse si nutrono di rischi specifici come: la crescita di nuove tecnopaure (nucleari, chimiche, biologiche, tossiche insieme al rischio ecologico), malattie, panici alimentari, minacce alla sicurezza di mezzi logistici, e la paura del terrorismo internazionale» (Cohen 2002, p. XXX).

Una delle paure più recenti, quella dell'uscita del Regno Unito dall'Unione Europea (Brexit), ha funestato per mesi la stampa come se si fosse a un passo della catastrofe. Era successo qualcosa di simile anche con la Grexit (ovvero la potenziale uscita della Grecia), ma senza raggiungere un tale livello d'allarme accompagnato anche dalla tragica esecuzione della parlamentare laburista per mano di un presunto squilibrato dalle tendenze neonaziste (Booth, Dodd, Parveen 16/6/2016). Poi, rispetto all'intensità e al tipo di mobilitazione da parte della politica e del sistema dei media, risulta quasi surreale che, dopo i cupi catastrofismi della fase pre-Brexit, i giornalisti abbiano iniziato a discutere di ricontrattazione delle tariffe low cost e di aumenti dei prezzi del roaming telefonico. Inoltre, il confronto tra condizioni/risultati della Grexit e della Brexit dovrebbe far riflettere: medesima pressione mediatica e istituzionale ma una diversa percezione del rischio finanziario e politico, con l'aggiunta di qualche evento tragico e irrazionale che in un primo momento sembrava aver accorciato le distanze di circa dieci punti percentuali. Al di là delle posizioni ideologiche sull'argomento, la Brexit è stata un laboratorio sperimentale che finalmente – pur nelle condizioni di privilegio del soggetto uscente – ha consentito di misurare cosa accade a chi esce e a chi rimane. Che questo sia paradisiaco o del tutto nefasto lo si vedrà nell'immediato decorso storico. Al momento ci si può consolare per un'ulteriore vittoria della democrazia in un'epoca ormai post-democratica.

Sempre a proposito della crisi politica europea, pare quasi ironico e paradossale il modo in cui l'immigrazione – nemico pubblico di destre e populismi in tutta Europa – stia raggiungendo, anche velocemente, il principale obiettivo che le destre si sono preposte: lo smantellamento di Schengen e dunque l'implosione dell'intera Unione. Se è vero che il nemico del mio nemico è mio amico, le destre dovrebbero iniziare a tifare per un ulteriore incremento dell'immigrazione. Basta attraversare il confine tra Copenhagen e Malmö per assistere alla pantomima dello Stato-nazione che torna a marcare i suoi confini, rivendicando quasi «innaturalmente» la sua rivincita sulla storia. Il collegamento tra le due città non è più diretto: ora il treno si ferma all'aeroporto di Copenhagen, mentre da un altro binario parte quello per Malmö. Controlli incrociati da parte delle due polizie e fotografie ai documenti. Un'utopia che implode sotto il peso della sua insostenibilità, si misura nei termini pratici del disagio logistico e dell'attesa dovuta all'aumento dei tempi di percorrenza. Dovrebbe far riflettere il fatto che tutto ciò stia accadendo per via di un fenomeno umano che viene percepito e narrato come se fosse una catastrofe naturale.

Un'altra paura che stenta ancora a diffondersi tra il grande pubblico sotto forma di panico, ma che decisamente è percepita dall'opinione pubblica con maggiore concretezza rispetto anche solo a vent'anni fa, è quella ecologica. Per molti può essere stato davvero rassicurante che la quasi totalità dei leader mondiali si sia riunita a Parigi in occasione della Conferenza ONU 2015 sui cambiamenti climatici, per ammettere che si trattava dell'ultima chiamata prima della catastrofe ma che purtroppo non ci sono ancora soluzioni condivise. Con Hollande che ha voluto sottolineare la necessità di sconfiggere, insieme alla minaccia ambientale, anche quella terroristica (due fatti irrelati dal punto di vista teorico ma forse collegati nella «pratica»), mentre Obama e Putin ne hanno approfittato per parlare della non propriamente ecologica questione siriana. Al tempo stesso, ci sono studiosi manager, consulenti ecc. che hanno speso ogni energia per rilanciare i temi della sostenibilità e del nuovo trend green ed eco-friendly, insieme a vaste schiere di consumatori sempre più inclini all'organico, al km 0 e alla valorizzazione della biodiversità. Costoro sembrano tutti fan di Martha Stewart, citata da Brad Pitt in *Fight Club*, e con lei intenti a lucidare le fatidiche maniglie mentre il *Titanic* sprofonda.

In tale deriva la gigantesca problematica ecologica assume un aspetto paradossale: solo per la portata della minaccia essa dovrebbe perlomeno riappacificare il pianeta, risolvere il conflitto di civiltà che dinnanzi al disastro ecologico è ben poca cosa, e spingere l'umanità all'unisono verso una risposta efficace. Se difatti si esamina attraverso la cornice della crisi ecologica l'epoca dell'antropocene si giunge a una conclusione quasi paradossale: da un lato la questione ecologica fa meno paura della più apparentemente concreta immigrazione, dall'altro i due allarmi sono inversamente proporzionali e il tentativo di risolverne uno – ridurre la fame nei paesi popolosi migliorando le condizioni di vita e quindi gli standard di consumo in quelle aree – potrebbe avere un impatto catastrofico sulla condizione ecologica del pianeta. L'uomo ha vissuto a lungo nella paura di un qualcosa d'esterno che minacciasse la sua sopravvivenza, ed è per questo che, secondo molti filosofi e antropologi, ha inventato la tecnica (Gehlen 2003). Anzi, la relazione tra paura e tecnica è particolarmente controversa: la tecnica è la risposta alla paura, data la condizione inerme dell'essere umano dinnanzi alle minacce dell'ambiente naturale, ma quando la tecnica diventa l'ambiente principale in cui l'uomo vive, essa stessa, dopo aver domato gran parte dei pericoli, si trasforma in minaccia. Detto con altre parole, «pensavamo, coraggiosi, che tutta la nostra storia consistesse nel lottare senza posa contro una forza sempre maggiore e più profonda della nostra» (Serres 2010, p. 37), ma oggi tale condizione è cambiata. La messa in discussione dell'ideale sviluppista, secondo cui è pensabile una crescita illimitata sia dell'Occidente che dei cosiddetti paesi emergenti, ci impone di rivalutare i concetti di limite e di finitezza. La finitezza delle risorse naturali si scontra palesemente con la tensione verso uno sviluppo indiscriminato che già Capra, negli anni Ottanta, quindi più di trent'anni fa, definiva «il lato oscuro della crescita».

Globalizzazione, consumi, schizofrenie

> L'immagine si rovescia: sappiamo ormai che siamo infiniti, nella ragione, nella ricerca, nel desiderio e nella volontà, nella storia e nella potenza, persino nel consumo, e che la natura, di fronte a noi, è finita... Ecco l'inizio dell'era chiamata antropocene... che si tratti di agricoltura e di nuovo rapporto con la natura, dei trasporti e della mobilità delle cose e degli uomini, della sanità pubblica, delle speranze di vita e della crescita demografica, dello spazio... delle armi di distruzione di massa e del terrorismo... resta che oggi il mondo forma l'asintoto globale di tutti questi processi (Serres 2010, pp. 37-38).

L'ondata di terrore che ci assale da qualche anno è dunque legata strettamente ad altre crisi che minano la sicurezza nei confronti di una visione entusiastica del progetto globalista. Addirittura lo stesso «globalismo neoliberale non solo diffonde paura e sgomento, ma paralizza politicamente» (Beck 1999, p. 149). Un'affermazione che può sembrare ai molti troppo eclatante, ma che il grande sociologo tedesco giustifica in modo molto semplice: «se non si può fare nulla alla fine allora rimane solo una reazione: proteggersi, ritirarsi in se stessi... contagiati dal virus del pensiero del globalismo, in tutti i partiti acquistano influenza argomenti e ideologie di reazione protezionistica».

La paura al tempo della società del rischio è uno strumento pratico e pedagogico che consente di mettere in discussione non solo la relazione tra bene (noi) e male (loro), ma che tende a insinuare un senso di precarietà e di scetticismo nei confronti dei sistemi che presiedono il funzionamento della vita quotidiana nelle società complesse. Per questo i terroristi sono così appassionati di infrastrutture della logistica. Non solo perché il catastrofismo di Hollywood ha istruito il mondo intero su quanto sia spettacolare l'incidente di un mezzo di trasporto (dai treni agli aerei), ma soprattutto per un discorso molto più sottile, che è ormai una sorta di abito mentale dell'uomo globalizzato. Si tratta di ciò che Giddens, negli anni Novanta, ha definito «sistemi esperti», che appunto presiedono al funzionamento della vita quotidiana grazie a infrastrutture tecnico-organizzative basate sul principio dell'efficienza. Nei loro confronti l'utente/cittadino/consumatore deve nutrire un sentimento di fiducia. Deve difatti sospendere il giudizio sulle modalità del loro funzionamento (come quando si schiaccia un interruttore, si prende una metropolitana, un aereo, un treno), rimuovendo l'analisi di ciò che accade all'interno del sistema esperto e focalizzandosi invece sul livello superficiale. In altri termini, deve nutrire una relazione di fiducia in tale dispositivo che gli consenta di rimuovere tutte le possibili valutazioni sulle pre-condizioni e sui possibili svolgimenti dell'azione che sta intraprendendo. Tuttavia, la relazione di fiducia si inceppa in prossimità di un incidente, ovvero di un evento più o meno catastrofico che blocca il funzionamento del sistema oppure lo spinge verso le sue condizioni critiche.

Per questo probabilmente i terroristi sono affascinati dai mezzi di trasporto. Non meramente perché sono il palcoscenico di possibili eventi spettacolari e neanche perché sono gangli di infrastrutture che rendono possibile il movimento stesso della globalizzazione. Con il paradosso che se si bloccasse completamente l'infrastruttura mondiale dei trasporti avremmo molti meno terroristi e forse nessun *foreign fighter* (dato che sarebbe troppo costoso e faticoso muoversi, addestrarsi e persino colpire). Essi amano la logistica perché la sua messa in scacco rivela la fragilità di un sistema titanico come pure la fragilità della relazione di fiducia che gli utenti sono tenuti a nutrire nei confronti del sistema stesso. Ma la fragilità del sistema non è solo logistica. La reiterazione degli attentati difatti produce una sorta di riflesso condizionato delle istituzioni, una sorta di drammaturgia vuota che riproduce all'infinito una sequenza quasi codificata: esprime il cordoglio, depreca l'atto violento, prova a rinsaldare il legame tra i colpiti, rivendica la volontà di non cedere al terrore, promette una reazione decisa, giusta e ponderata, ma mai troppo chiara nella sua strategia. Il sistema che vive di pianificazione strategica, sotto l'attacco puntuale, irrazionale e tattico, traballa. Dall'estero giungono messaggi di solidarietà da parte dei premier di altri paesi (anche di Renzi da Twitter) ma poi nella concretezza dei fatti nessuno si muove. Troppo pericoloso esporsi, richiamare l'attenzione. Troppo facile essere designati come vittime di questo terrorismo miniaturizzato e molecolare (Magri 2015). Seguono le parole altrettanto scontate del Papa, ma ciò che lavora nella testa dei cittadini è un processo divisivo che mira a consolidare il senso d'identità, anche se il confine tra noi e loro non è mai troppo definito.

Le Pen in Francia e Trump in America sono il punto d'arrivo di un lento mutamento dello *zeitgeist*. La dinamica sociale e culturale in seno a numerosi Stati occidentali muove dalla paura al panico. Una delle questioni più calde affrontate dai media e dai dibattiti politici è la correlazione tra terrorismo e immigrazione. La domanda più sovente è se i barconi possano o meno condurre in Europa i jihadisti. A essa la destra risponde sì con marmorea certezza, mentre la sinistra è altrettanto sicura del fatto che, essendo i jihadisti già cittadini europei o perlomeno presenti sul territorio, non avrebbe senso intervenire con pugno di ferro sull'immigrazione. Entrambe le posizioni si rifiutano di cogliere un fatto intuitivo di facile comprensione: tendenzialmente è molto più facile sfruttare per gli attentati i *foreign fighter* di ritorno o i lupi solitari; inoltre, il terrorista è sufficientemente dotato di risorse da poter viaggiare in business class. Tuttavia, se per un qualsiasi motivo di pianificazione strategica fosse necessario imbarcare alcuni di loro come comuni rifugiati o clandestini, la cosa sarebbe facilmente fattibile. L'ondata di panico spinge media e politica a vivisezionare nettamente un fenomeno complesso e polimorfo. Gli attentati del nuovo terrorismo islamico sono capaci di sublimare la paura nei confronti del nuovo nemico, del diverso, dell'immigrato ecc. in vero e proprio panico.

Questo grazie non solo all'imprevedibilità e all'assurdità degli attacchi, ma soprattutto grazie alla cassa di risonanza mediatica, fatta di un mix tra media mainstream e social, che amplifica e dissemina ovunque l'allarme. Ha forse ragione Bifo quando sostiene che dall'11 settembre la globalizzazione è entrata nell'era del panico: «il panico è la condizione nella quale si trova un organismo quando i segnali in arrivo al suo sistema nervoso sono troppo veloci, troppo complessi, troppo frequenti, troppo,

troppo, troppo per poter essere elaborati consapevolmente, per poter reagire in modo razionale e coordinato» (Berardi 2002, p. 69). Nell'epoca matura della globalizzazione uno degli obiettivi del terrorismo islamico è la creazione di un panico diffuso e generalizzato. Al tempo stesso c'è la reazione del sistema che, come nelle classiche analisi della teoria delle catastrofi, risponde con un intenso attacco di paranoia che trasforma la sicurezza in una «trappola per topi» (p. 68), cosicché si verifica una sorta di complementarità tra le istanze distruttive dei terroristi e quelle di controllo del sistema sociale: «la psicopatia aggressiva del rancore integralista ha contagiato la psicosfera globale e ora, per tenere sotto controllo il panico, la paranoia è divenuta l'unico metodo di giudizio e l'unico criterio d'azione» (p. 76).

Inizia a delinearsi una delle tesi di questo libro che vede il terrorismo come la forma virale del neoliberismo, ovvero della sua manifestazione più cogente e prepotente: la globalizzazione. Come nel caso di un attacco virale a un organismo ospite, anche in questo caso si verificano entrambe le condizioni e alla funzione distruttiva del virus corrisponde quella protettiva del sistema immunitario dell'organismo attaccato. È pertanto utile esaminare la relazione tra processi di globalizzazione e forme di resistenza culturali, nel tentativo di spiegare l'attuale epidemia del terrore attraverso un'analisi socioculturale. Alla stregua del virus, la cui riconoscibilità è dovuta alla sua capacità di sfruttare il metabolismo dell'organismo che lo ospita per riprodursi, così il terrorismo dipende in maniera vitale dall'ideologia neoliberista, alla quale tenta di contrapporsi attraverso un ribaltamento valoriale unito a un uso rituale della violenza. Se questa tesi è plausibile, vuole dire che all'idea del terrorista mostro che aleggia ai confini dell'Impero dobbiamo sostituire quella del soggetto problematico che, in un regime di globalizzazione universale, tenta di risolvere la sua inadeguatezza all'ipermodernità rifugiandosi in una visione del mondo arcaica, brutale ma consolatoria.

Oggi il consumo occupa uno spazio centrale nella formazione delle identità sociali e nella loro «destinazione», ma è anche il fattore patogeno che produce una sorta di schizofrenia culturale diffusa. Per questo, al di là dei tentativi di spiegazione tramite la geopolitica, il cui grado di complessità è talvolta troppo elevato e inestricabile, qui si propone un'interpretazione molto più semplificata che fa leva sul consumo come elemento chiave per capire sia la reazione sia la possibile «rieducazione» del terrorista. Se è vero che l'Occidente è ovunque, più che dalla forma universale del diritto esso è rappresentato dalla forma globale del consumo. Il terrorismo risponde a tale espansione tramite un'azione tattica o una «conflittualità mimetica» (Barile 2008) che imita, ribaltandone il segno, gli stessi strumenti del potere globalizzato. Come la forma dei brand del mercato – con cui da anni ci siamo abituati a conoscere il nostro mondo e che solo da poco ha iniziato a interessare le varie organizzazioni terroristiche – anche in questo caso si prova a mettere in scacco l'impostazione strategica del nemico tramite una movenza tattica. La violenza che si sprigiona negli attentati è pertanto la risposta esasperata alla dipendenza psicofisica dal sistema dei consumi. L'attacco a *Charlie Hebdo* mirava a colpire la libertà d'espressione, pilastro delle democrazie liberali, mentre gli attentati a Boston, allo Stade de France e quello sventato alle Olimpiadi di Rio de Janeiro volevano intaccare libertà più superficiali ma non per questo meno potenti simbolicamente. Il divertimento e il *loisir* sono obiettivi polemici di notevole interesse non solo perché espressione effimera di un sistema di valori più nascosto, ma anche perché strumento di educazione e di introiezione dei valori stessi dell'Occidente anche da parte di persone che si sentono più o meno integrate, come i giovani delle *banlieue* o del Maghreb o di tutti i luoghi del mondo in cui il calcio è uno strumento di integrazione, di costruzione dell'immaginario e di creazione delle aspirazioni.

Quasi deducibile dalla tesi della stretta relazione tra terrorismo e neoliberismo, un altro punto chiave di questo libro è la relazione tra terrorismo e consumo. Come si vedrà tale relazione è costitutiva perché il consumo, specialmente quello globalizzato, pare essere uno dei nemici più avversati dai terroristi. Ma questo semplicemente perché la globalizzazione ha innervato tale logica del consumo nella vita quotidiana degli abitanti di quasi tutto il pianeta. Per questo una teoria completa e sistematica della violenza integralista non può prescindere, come invece spesso avviene, dall'analisi del consumo. Anzi, una sociopsicologia del terrorismo contemporaneo non è altro che una sociologia dei consumi ribaltata, letta attraverso il suo negativo, trasformata in una controvisione viscerale e legittimata all'interno della cornice simbolica della religione. Da queste parole sembrerebbe esservi di fatto una distanza etica ed esistenziale dell'attentatore dalla cultura (quella occidentale e del consumo) che egli mira a distruggere, mentre invece più che distanza si dà prossimità, anzi spesso coabitazione o addirittura dipendenza cognitiva. Nel senso che nella gran parte dei casi gli attentatori sono cresciuti nel ventre caldo del consumo occidentale, hanno goduto dei suoi paradisi mondani, hanno imparato a conoscere i piaceri ma anche i pericoli che si annidano dietro e dentro il feticismo della merce. Forse, a proposito della stranota categoria marxiana, essi sono in grado di sublimarne il significato ben oltre le intenzioni del filosofo di Treviri. Perché se svisceriamo dal feticismo delle merci la questione della classe sociale, resta qualcosa che è ben più potente di un dispositivo di potere che riproduce la diseguaglianza tra il lavoro e il capitale. Resta un'escatologia che tramite la religione promette di liberare la psicologia dell'uomo moderno (e non solo) da un vincolo ambivalente, al contempo esaltante e inquietante, che lo lega al mondo dei consumi.

In questo senso l'inaudita violenza di questo terrorismo è un modo per marcare un'identità - anzi, un posizionamento identitario - che rende tale fenomeno il più estremo, preoccupante e raccapricciante, tra tutta una galassia di formazioni che più o meno legittimamente tentano di resistere alla potenza centrifuga della globalizzazione. Si dirà, non è possibile appaiare tali nefandezze ad altri fenomeni che invece contrastano la globalizzazione con mezzi convenzionali e democratici. Fa forse comodo allo stesso pensiero neoliberista e/o conservatore radunare tutte le forme di resistenza in un'unica categoria, per esempio quella che Barber nel 1995 definiva «guerra santa» contro il McMondo. Dunque, il terrorismo islamico appartiene a una costellazione di «comunità terribili» ma da esse immediatamente si distacca per raggiungere punte inconcepibili di riproduzione della violenza. In quanto tale, è davvero un punto di non ritorno. Il limite massimo di una contraddizione che infrange ogni possibilità di confronto e ogni appello alla convenzione, alla mediazione, all'ethos e al logos. Ciò che tentano di fare i terroristi è abbastanza chiaro. Inasprire il conflitto, e in questo sono sì marxiani, anzi quasi operaisti, fino a che il sistema stesso si avvicini al suo punto di catastrofe.

Forse un certo filone di studi che si è sviluppato principalmente, e non a caso, nel corso degli anni Novanta, ha insistito eccessivamente sulle dimensioni dell'incontro tra culture, sul mito del *melting pot* e sull'integrazione della diversità sotto il segno della globalizzazione, e dunque del consumo. Come ho già sostenuto altrove, uno sguardo rivolto verso la molteplicità delle espressioni culturali non può permettersi di essere utopico ed entusiasta, ma necessita di una certa dose di pragmatismo che gli consente, appunto, di tenere insieme le redini di forze che tra loro non necessariamente convergono. L'orizzonte globale è difatti composito e sfaccettato, e nel momento in cui la diversità (etnica, territoriale, religiosa ecc.) viene sussunta sotto la marca omologante dell'unità, essa rischia di esplodere in mille pezzi.

Moltiplicare la divisione e le spirali di panico che, grazie anche all'azione di etichettamento dei media, consentono di frastagliare il corpo già fin troppo eterogeneo delle società multietniche. Provocare il caos, diffondere paura e recidere il legame che tiene ancora uniti i musulmani moderati ai moderati non religiosi o di altri credi. Allargare la distanza tra le opposte fazioni che già in Occidente s'organizzano in risposta all'ultraviolenza degli attentatori, anche se difficilmente riusciranno a eguagliarne la mestizia. A questo punto l'argomento di chi non è allineato alla visione occidentale è quello della colpa atavica dell'Occidente, del colonialismo, e senza spostarsi troppo indietro dell'invasione di Afghanistan e Iraq.

Questo argomento, ancora accarezzato da opinion leader nostrani – si pensi a Massimo Fini ma anche recentemente a Umberto Eco – non ha più motivo di essere dibattuto. Lo hanno detto in molti che le guerre in Medio Oriente erano non solo illegali ma soprattutto una risposta sbagliata a un problema mal posto. Con buona probabilità questi conflitti hanno provocato lo smottamento che ha precipitato nel caos il Medio Oriente, insieme all'effetto della defenestrazione di Gheddafi sugli assetti del Nord Africa. Tuttavia, oggi parlare delle colpe dell'Occidente è davvero poco utile se non deleterio perché sposta il focus su un potere che trascende i confini stessi del mondo occidentale. Quello che, Negri e Hardt all'inizio del Millennio hanno definito come il passaggio dall'imperialismo all'Impero ha forse molto più senso ora: un potere sovranazionale fatto di interessi congiunti e opachi di politici e lobby economiche transculturali e multietniche che gestiscono la sovranità su una moltitudine di persone, gruppi, movimenti, sempre più frastagliata. Un processo a cui anche l'analisi di Alberto Abruzzese è pervenuta passando non per le dinamiche del capitale globale, bensì per i modi di funzionamento interno dell'industria culturale.

> [...] in queste note assumiamo l'imperialismo culturale come forma generale di quei processi di socializzazione in cui il rapporto di subordinazione di un sistema produttivo rispetto ad un altro costituisce un mezzo di produzione... Ma il capitale multinazionale fa saltare questo stesso schema: persino l'imperialismo americano "classico" deve confrontarsi con un più alto livello di contraddizioni tra interessi del capitale e interessi nazionali, territoriali, personali. Tutto ciò porta alla sua astrazione ultima l'Impero del capitale che può e deve, di volta in volta, entrare in conflitto con qualsiasi stato nazionale. Ciò può voler dire anche che l'Impero del capitale non è la somma e il possesso dei singoli regni ma l'uso dei loro conflitti. La logica delle multinazionali porta molto più alla divisione territoriale che alla fusione planetaria (Abruzzese 2001, p. 54).

Entrambe le constatazioni paiono ancor più supportate dalla realtà oggi, nel momento in cui uno dei possibili vincitori della corsa alla Casa Bianca dichiara di voler ritirare l'esercito americano da luoghi ritenuti per decenni strategici. Mentre diversi paesi arabi tra i più ricchi restano intrappolati nell'inquietante ambiguità di essere alleati dell'Occidente ma anche di foraggiare direttamente o indirettamente le organizzazioni terroristiche. La sostanziale schizofrenia del sistema si riverbera nella schizofrenia di coloro che tentano di farlo precipitare, pur godendo dei piaceri o delle facilitazioni che esso concede.

Il lato oscuro del glocale e la questione del nichilismo

Calando il principio metodologico del mostro mutuato da Nietzsche nella realtà storica che ha preparato l'avvento degli attuali fenomeni terroristici, può essere utile scoprire come ciò sia stato determinato da una sorta di esaurimento del combustibile culturale che aveva alimentato la cosiddetta utopia della comunicazione (Breton 1995). Con gli anni Novanta difatti si conclude la spinta ottimistica che ha assecondato l'ultimo slancio della globalizzazione. In quella fase il discorso sulla globalizzazione si è integrato con quello sulla localizzazione. Il concetto di glocal, anche grazie al contributo di famosi sociologi come Giddens, Beck, Robertson e Bauman, è diventato il mantra con cui la stessa globalizzazione ha trovato una nuova legittimazione: non più contro il locale ma ad esso alleata, anzi capace di esaltare la sfera locale e di renderla rilevante sul piano internazionale – dall'economia alla cultura, alla comunicazione.

L'enfasi posta negli anni Novanta sulla risorgenza del locale ha però celato il lato oscuro di tale prospettiva. Alla fase della cosiddetta Alta Globalizzazione (Appadurai 2006) si sovrappone quella che lo stesso autore ha definito globalizzazione *grassoroots* e che si caratterizza per una presa di consapevolezza, da parte di gruppi sociali, movimenti e associazioni, rispetto agli effetti collaterali sapientemente occultati dietro la retorica ufficiale del progresso. In tal modo, tutta la frustrazione di chi si è sentito escluso dai processi di globalizzazione è esplosa nei movimenti di critica al nuovo ordine globale, dal popolo di Seattle alle comunità tradizionali impegnate in un tentativo di resistenza al processo centrifugo di standardizzazione delle culture e degli stili di vita imposto dall'alto. Non è forse un caso che l'evento più tragico e spettacolare del periodo – quello dell'11 settembre – avvenga in prossimità di altre manifestazioni di critica del sistema, per esempio il G8 di Genova, quasi a suggellare la fine di un'epoca utopica e l'inizio di una nuova dominata dalla paura.

Insieme al «locale», un altro concetto che ha subito una sorte simile è quello di comunità. Questo termine, utilizzato in molti campi della vita sociale in un'accezione quasi sempre positiva, rivela invece, nella nuova fase critica della globalizzazione, il suo volto inquietante. Certo, la sua affermazione intende contrastare la disumanizzazione omologante del capitalismo mondiale, ma proprio in questo suo tentativo la comunità tende a radicalizzarsi o ad affermare un suo profilo che è talvolta intollerabile. Così s'afferma quella che ho definito nel 2008 la «sindrome di Dogville», dal nome del formidabile film di Laars von Trier del 2003. La comunità che si presenta come risposta all'alienazione della metropoli, cela in realtà il suo volto sconcertante. Producendo una violenza microfisica ancor più dolorosa e penetrante di quella prodotta dalla spersonalizzazione della vita urbana e del consumo. Inoltre, il lato oscuro della comunità non riguarda solo culture altre, mondi esotici e incommensurabili con l'Occidente, ma è la radice stessa della nostra cultura, da cui abbiamo cercato di distaccarci sposando la vulgata di una modernizzazione *tout court* (come vedremo nel caso di altri racconti che toccano il medesimo tema).

In questo quadro s'inserisce perfettamente l'annosa questione del terrorismo islamico che in molti non osano definire in questo modo per paura di risultare razzisti e islamofobi. In questo libro sarà utilizzata tale espressione perché, seppur in modo parossistico e tendenzialmente distorto, tale forma di resistenza alla globalizzazione è la radicalizzazione di una dottrina religiosa e quindi nella religione trova il suo fondamento. Nulla dunque a che vedere con il concetto di ideologia – come quando si parla di ideologia wahabita – che è cosa squisitamente occidentale e moderna. Nemmeno è plausibile il collegamento tra tale fenomeno e il nazismo, con il quale questo terrorismo condivide alcune idiosincrasie tra cui la svalutazione della vita di colui che è diverso, insieme a un dichiarato antisemitismo. Il terrore è un mezzo nelle mani di una visione integralista che investe al contempo vita quotidiana, politica e religione, e che pertanto non può essere definita semplicemente «ideologia» – prodotto della cultura moderna, industriale e occidentale – ma semmai è un'escatologia che ovviamente svolge anche funzioni di carattere politico-ideologico. Senza la funzione escatologica sarebbe davvero difficile coinvolgere numerose schiere di combattenti disposti a immolare il proprio corpo e a sacrificare la propria vita per una finalità pratica. È tuttavia vero che persino l'escatologia, in quanto aspetto umano che svolge anche funzioni di carattere pratico, rientra nel circuito produzione-consumo. Un circuito che neanche la violenza efferata del terrore riesce ad arrestare, ma solo a rallentare momentaneamente; anzi, dopo un breve momento di pausa, persino l'attentato diventa oggetto e contenuto del circuito.

Altro concetto mantra su cui hanno insistito stampa e politica, specialmente dopo gli attentati di Bruxelles, è quello di nichilismo, che in una prospettiva politologica viene solitamente considerato una variante dell'anarchismo (si pensi all'integerrima purezza di Pëtr Alekseevič Kropotkin, che rifiutò la carica ministeriale propostagli da Alexander Kerenskij) o come terrorismo già a partire dalla rivoluzione russa. Oggi tale parola è utilizzata in un'accezione ristretta e quasi letterale – in varie occasioni anche dal nostro premier – quasi a indicare che il nuovo terrorista, nella sua foga «ideologica» distruttiva e omicida, è un soggetto svuotato di qualsiasi etica. Una disamina filosofica un po' più profonda ci fa invece capire che il nichilismo non si contrappone meramente alla sfera etica ma che anzi, nel suo sviluppo da Platone ai profeti del neoliberismo, è associato a una prospettiva etica che ha fatto da cornice alla sviluppo dell'Occidente dalla fase pre-moderna a quella più avanzata della globalizzazione. Torna ancora una volta Nietzsche, che ha costruito la sua intera critica alla filosofia occidentale partendo da tale concetto. Gilles Deleuze si è cimentato nella disamina delle diverse fasi del nichilismo nietzscheano, di cui la più significativa è senza dubbio quella che è passata alla storia con l'espressione «la morte di Dio» (oppure «Dio è morto» se si preferisce).

> Fino al giorno in cui l'uomo si scopre come uccisore di Dio, vuole assumersi come tale e portare questo nuovo peso. Egli vuole la conseguenza logica di questa morte: divenire egli stesso Dio, rimpiazzare Dio. L'idea di Nietzsche è che la morte di Dio è un grande avvenimento, clamoroso ma insufficiente.

> Perché il nichilismo continua, cambia appena di forma. Fin qui il nichilismo significava deprezzamento, negazione della vita in nome di valori superiori. E ora: negazione di questi valori, sostituzione con valori umani – troppo umani (la morale sostituisce la religione, l'utilità, il progresso, persino la storia, sostituiscono i valori divini) (Deleuze 1973, p. 33).

La sintesi esemplare di Deleuze evidenzia il passaggio fondamentale tra il vecchio nichilismo e quello nuovo: se il primo predicava un allontanamento dalla vita in favore di valori più alti (da Platone al cristianesimo), il secondo sostituisce tali valori assoluti con altri, per così dire pragmatici. Ovvero quelli che hanno a che vedere con la riflessione scientifica che per sua definizione intende analizzare accuratamente la natura e l'uomo per esercitare un controllo su di essi che ha già qualcosa di divino. La sostituzione dell'uomo a Dio è pertanto l'obiettivo sommo verso cui muovono scienza, tecnica ma anche i consumi e gli stili di vita (per esempio nel loro inseguire il valore di una gioventù eterna). Questo nichilismo è esattamente l'obiettivo polemico e balistico di un integralismo che invece si pone, anche se ambiguamente, come una forma di resistenza e di rivolta alla globalizzazione.

Difatti si è molto parlato di nichilismo rispetto agli attentati terroristici, soprattutto in Francia, da *Charlie Hebdo* al Bataclan, ma tale espressione è fuorviante. Nichilista non è colui che distrugge tutto, uccide senza una motivazione, senza una legittimazione etica ecc. oppure per via di un abbaglio ideologico (che richiama il modo in cui il termine veniva usato tra Otto e Novecento). Nichilista è colui che agisce attraverso la tecnica, che a sua volta è esaltata per via della sua capacità di accrescere la potenza, tanto da diventare essa stessa lo scopo fondamentale.

La storia dell'Occidente è votata al nichilismo non solo per via della necessità di accrescere la potenza e di esprimerla attraverso la guerra, ma soprattutto perché il nichilismo è il pensiero stesso della tecnica che decreta l'allontanamento dal pensiero della tradizione, per imprimere un principio dinamico e polemico che tende a scomporre la realtà in parti elementari, per esercitare su di esse il dominio e il controllo da parte dell'uomo e della società. Per questo motivo Emanuele Severino, che ho intervistato pochi anni fa su questi temi, ci tiene a sottolineare che «Dio è il primo tecnico, la tecnica è l'ultimo Dio».

> L'importanza decisiva della filosofia degli ultimi due secoli – qualora la si sappia capire, perché per lo più non la si sa capire – è la distruzione del limite e quindi una sorta di "autorizzazione a procedere" offerta all'agire dell'uomo attraverso quella forma suprema dell'agire che è la tecnica, affinché oltrepassi senza alcuna remora ogni ostacolo che si presenti sul suo cammino. Quindi la filosofia patteggia, autorizza, legittima la tecnica. Si tratta in altri termini di una manipolazione totale dell'Essere cosicché la tecnica diventa il sostituto del vecchio Dio. In ciò vedo più continuità che demarcazione tra la vecchia e la nuova tecnologia (Severino in Barile 2013, p. 212).

Se è vero che il pensiero della tecnica e gli stili di vita che da esso discendono abituano all'idea che non c'è un limite o, meglio, che è possibile oltrepassare ogni limite, allora occorre ridefinire il nostro modo di valutare tali fenomeni. Come ho già sostenuto nel 2008 in *La mentalità neototalitaria*, i fenomeni che costellano la fase della tarda globalizzazione sono caratterizzati da una sorta di «conflittualità mimetica». Da un lato, si tenta di combattere un nemico assegnandogli un'identità definita proprio nel momento in cui il concetto stesso di identità vacilla da ogni parte. Dall'altro, si tenta di imitare il proprio «nemico» venendo meno ai valori della propria cultura, per armarsi in un conflitto che sarà sempre più spietato e duraturo. Inoltre, tornando alla questione della tecnica, quell'insieme di modelli per così dire «standard» viene piegato alle esigenze specifiche di una certa cultura. Operazione che produce identità non sempre coerenti (come le si vorrebbe raccontare), anzi addirittura paradossali. Ne sono un esempio i compromessi tra religione e consumo, oppure l'esigenza negli Emirati di un'alta formazione marchiata dai grandi atenei occidentali, in paesi che non sono del tutto affini a quel tipo di insegnamento. Questa schizofrenia è la medesima che viene coltivata dalla vulgata neoliberista, che procede senza alcun arresto nel processo di ibridazione e di successiva sussunzione delle forme culturali sotto il vessillo del capitale globale.

Dunque, se il nichilismo è un prodotto squisitamente occidentale, occorre capire come possa essere adottato o semplicemente come possa interagire con culture ancora prevalentemente dominate dai valori della tradizione. Pertanto, ciò che potrebbe avallare la chiave del nichilismo e consentire dunque un reinquadramento della questione terrorismo islamico in un'ottica meno esotica e più endotica, sta nel fatto che anch'esso, come l'Occidente a cui si contrappone, prova a impossessarsi della sua suprema espressione: la tecnica. Le armi e i dispositivi usati negli attentati, la loro pianificazione scientifica, l'utilizzo dei media, delle loro logiche spettacolari, delle forme di branding diffuso e capillare, dimostrano come la logica del nichilismo occidentale sia parte integrante delle strategie d'affermazione identitaria di quella che, almeno superficialmente, è la negazione più estrema degli stessi valori dell'Occidente. Certo, la questione della guerra asimmetrica indica una netta differenza tra una potenza che si esprime attraverso una concezione strategica, frontale e massiva del conflitto, e una concezione tattica, interstiziale e virale propria del terrorismo. Ma il passaggio dal vecchio jihadismo a quello che alcuni osano definire 2.0 è esattamente il tentativo di colmare l'asimmetria creando un'entità statuale (appunto l'ISIS) e dunque operando tramite un regime misto fatto di guerra tradizionale, guerriglia e terrorismo. Torneremo sulle caratteristiche del brand ISIS per coglierne meglio la modernità e le differenze rispetto al passato, ma al momento è più utile tentare di sciogliere il nodo del nichilismo e di capire la controversa relazione tra determinate culture e il principio/strumento della tecnica.

Svuotamento valoriale

Emanuele Severino ha provato a inserire la questione islamica all'interno del suo modello d'analisi sullo sviluppo del potere della tecnica. Anche la presunta Europa cristiana ha vissuto un profondo travaglio grazie alle rivoluzioni scientifiche moderne e alla potenza di un sapere polemico e indirizzato verso finalità molto diverse da quelle della tradizione religiosa. Tuttavia, la modernità occidentale, nelle sue strutture fondamentali, condivide alcuni schemi che sono anche alla base della visione cristiana. Per esempio, la correlazione tra il fine e la fine caratterizza fortemente l'ascesa secolare del cristianesimo da quando Sant'Agostino ha regalato alla *societas* cristiana i concetti intimamente connessi di anima e di storia. Jeremy Rifkin, in un saggio molto legato all'atmosfera culturale dei primi anni Ottanta, ci mostra come il cristianesimo, con la sua idea di storia lineare e trascendente, introduca una frattura irrimediabile con l'idea di storia greca.

> Per i greci la storia era un processo non di sviluppo ma di decadenza. Il poeta romano Orazio scriveva in versi che "Tutto rovina il funesto tempo". Orazio

> non conosceva la seconda legge della termodinamica, ma in questo verso egli ha riassunto la vera essenza della legge dell'entropia...
> Nella mitologia greca la storia è rappresentata da cinque fasi successive, ognuna delle quali è più oscura e barbara delle precedenti. La visione cristiana del mondo abbandonò il concetto ciclico dei Greci, ma conservò il concetto della storia intesa come processo di decadenza. Nella teologia cristiana, la storia ha un inizio, uno svolgimento e un termine ben definiti, rappresentati dalla creazione, dalla redenzione e dal giudizio universale (Rifkin 1992, pp. 31, 35).

Il cristianesimo ha trasformato la storia in un movimento lineare e ascensionale approntando alcuni «schemi» che sono stati approfonditi in seguito dalla narrazione moderna. La stessa linearità ha plasmato un modello che ritroviamo quasi intatto nell'idea moderna di storia come progresso ed emancipazione. Il destino che accomuna l'escatologia cristiana alla linearità della scrittura è stato oggetto di studio da parte di molti mediologi. In quanto mezzo di divulgazione della parola di Dio, prima, e di quella della scienza, poi, la scrittura ha rappresentato il «luogo» di avvicinamento tra realtà e ideale e di edificazione di quel senso lineare e ascendente della storia che l'Islam radicale rifiuta e fa di tutto per metterlo in crisi. La violenza iconoclasta con cui l'ISIS ha devastato importanti patrimoni archeologici, tra cui *in primis* alcune parti dell'antica città di Palmira, è a suo modo una ritorsione contro il fondamento stesso della cultura occidentale. Mascherato da una follia iconoclasta che colpisce i simboli del paganesimo, è in realtà frutto di un ragionamento più profondo sul rapporto tra origine (archè), storia (svolgimento) e tecnica (al contempo mezzo e fine). Non si tratta dunque di un colpo inflitto a religioni «politeiste e blasfeme», come scrive Stabile (28/8/2015), bensì del tentativo di colpire la sensibilità dell'uomo occidentale tenendo in ostaggio quel patrimonio simbolico.

La negazione della potenza occidentale passa per la negazione di una storia lineare che affonda le sue origini in un'antichità costruita *ad hoc* dallo sguardo dei moderni, preservata e mummificata da una concezione neoimperialista che consacra i vecchi imperi attraverso cui si è edificato l'Occidente. Questo è il paradosso stesso dell'archeologia: una scienza moderna, creata dai moderni, per tamponare cognitivamente l'urto di un distacco troppo drastico della modernità dal proprio passato. Distruggere i segni di questa storia vuole dire anche mettere in crisi l'ideale stesso del progresso che ha generato la tecnica e che grazie ad essa si è trasformato nell'affermazione della potenza su scala globale. L'esecuzione sommaria dell'archeologo siriano Khaled Asaad, che ha preferito dare la propria vita per salvare alcune opere da lui custodite, rappresenta il sommo compimento di un processo di devastazione che per molti non sarebbe stato tale senza anche il sacrificio di un essere umano. Ma oltre alla vita dell'eroico studioso, ciò che ha colpito l'immaginario collettivo è stato il totale disprezzo per i valori universali dell'umanità, di cui la conoscenza e il patrimonio culturale rappresentano un fondamento ineludibile. Anche per conto dell'Islam moderato il passaggio alla modernità è decisamente più traumatico di quanto non sia stato per il cristianesimo, ed è per questo motivo che non è ancora avvenuto, mentre i segnali di tale possibile evoluzione sono ancora poco presenti e definiti.

> L'Islam ignora l'atteggiamento critico in cui la modernità consiste. In quanto critica del proprio passato l'Occidente è debole; in quanto fede nella propria tradizione l'Islam è forte (anche se la «primavera araba» può far pensare a un primo, incerto passo dei Paesi arabi verso la modernità, quindi verso l'indebolimento; un passo forse già fallito). Tuttavia l'abbandono della tradizione ha consentito in Occidente lo sviluppo della scienza e della tecnica. E della tecnica guidata dalla scienza moderna intendono servirsi tutte le forze oggi ancora in campo. Anche il mondo islamico intende servirsene. La tecnica è il mezzo più potente (Severino 10/1/2015).

Severino lavora sulla relazione traumatica dell'Islam con quello che possiamo considerare il prodotto esemplare della modernità occidentale: la tecnica. Tale relazione problematica impedisce però agli esponenti più radicalizzati del mondo islamico d'inseguire lo scopo di una crescita di potenza che dovrebbe condurli da uno stadio ancora «artigianale», anche se di grande impatto simbolico e comunicativo, verso uno stadio in cui si riduce l'asimmetria con le potenze occidentali, affinché i due «contendenti» possano finalmente disporsi sullo stesso piano: quello statuale e militare. In tal senso il filosofo recupera un'idea abbastanza consolidata di globalizzazione, esaltando una sorta di proprietà democratica della tecnica che, proprio nella sua capacità di livellare le culture, è in grado di conferire ad esse un notevole supplemento di potenza.

L'idea che tutte le culture sono uguali dinnanzi alla tecnica, o meglio che tutte perlomeno devono sacrificare una parte della propria tradizione culturale per accedere ai vantaggi della «crescita di potenza», trascura tuttavia alcuni aspetti essenziali. In primo luogo, come si è visto, il fatto che, pur confliggendo con gran parte del bagaglio valoriale cristiano, grazie alla forza polemica della modernità, la storia della tecnica s'inscrive in uno schema che è maturato nell'età classica e nel cristianesimo. In secondo luogo, proprio perché più radicale e meno conciliabile con il pensiero della tecnica, una certa interpretazione dell'Islam produce un sentire che potremmo definire schizofrenico: accetto la potenza di questo strumento, subendone alcune implicazioni, ma rifiuto platealmente il sistema di valori e di stili di vita che si sono configurati intorno a esso. Anche le ricerche più recenti sui cosiddetti big data partono esattamente dal problema della tecnologia digitale intesa come strumento neutrale per smontare tale tesi in favore di una sostanziale molteplicità d'usi: detto in altri termini, «la tecnica non è né buona, né cattiva, ma nemmeno neutrale», sostiene Kranzberg (Boyd, Crawford 2012). Allo stesso modo, Severino discute il tragico ribaltamento della tecnica che, nata come mezzo «neutrale», tende a trasformarsi in scopo, ovvero in valore e fine che corrispondono alla crescita illimitata della potenza.

> [...] la loro volontà di dominio non può prescindere dalla potenza che è conferita dall'uso razionale della tecnica. Ma la legge sulla quale sono tornato più volte anche su queste colonne è il rovesciamento per il quale la tecnica, da mezzo per realizzare gli scopi ideologici delle forze che intendono servirsi di essa, è destinata a diventare, essa, il loro scopo... Quindi tra esse prevarrà quella che, rinunciando al proprio scopo ideologico, assumerà come scopo quello che la tecnica possiede per se stessa: l'aumento indefinito della capacità di realizzare scopi (Severino 10/1/2015).

Definire la tecnica come «aumento indefinito della capacità di realizzare scopi» vuol dire certamente assegnarle una capacità di trasformazione di qualsiasi cultura che ad essa si rivolge per imporre il proprio dominio sulla geopolitica mondiale. Se così fosse, la ragione tecnica sarebbe talmente potente da sottomettere a sé le ragioni religiose, culturali, etniche ecc. Forse l'analisi accorta del grande filosofo evita di soffermarsi su due specificità del modo in cui i gruppi terroristici, da al-Qaeda all'ISIS, hanno deciso di utilizzare la tecnica.

Le prima è quella che già Augé nel 2002 definiva «artigianale». Con tale termine non va certo intesa la mera scarsità di mezzi ma l'esplicita volontà materiale e simbolica di contrapporre all'esubero di potenza occidentale la rabbia dello sfruttato che colpisce con astuzia, in maniera puntuale e non massiva, spesso convertendo la funzione delle armi del nemico, che in tal modo si trasformano in effetti boomerang che si ritorcono contro esso stesso, come nel caso emblematico degli aerei scagliati contro le torri. Con l'espansione dell'ISIS tale concezione si è affievolita; anzi, quasi si ribalta nelle azioni di terrorismo urbano, in cui ora sono gli attentatori che, nelle vesti di gruppuscoli paramilitari, si scagliano contro persone indifese e impegnate semplicemente a vivere la propria vita quotidiana. Resta comunque una concezione tattica contro la visione strategica dell'Occidente. Si muovono negli interstizi, giocano sull'ambiguità identitaria che li vede al contempo figli dell'Occidente e suoi più acerrimi nemici.

La seconda specificità è quella più propriamente mediatica o ancor più specificamente informatica e digitale. Se al-Qaeda si limitava a riprodurre la spettacolarità del catastrofismo hollywoodiano in quella che Baudrillard (2002, p. 42) ha definito «precessione dei modelli sul reale» – con addirittura un ruolo consulenziale dei registi americani nella definizione degli obiettivi – con l'ISIS si passa direttamente a un design dell'immaginario in funzione dei pubblici di riferimento, grazie a una complessa struttura di produzione. Oltre alla potenza militare, la tecnica è usata dai terroristi soprattutto nel campo della comunicazione in cui è impressionante l'accuratezza nel dare vita a un vero e proprio network del terrore. Specialmente la capacità di far interagire vecchi e nuovi media, tv e social, in un mix allarmante perché trasforma i mezzi antiquati della propaganda dei vecchi media in uno strumento ancor più coinvolgente che, grazie al Web 2.0 (Maggioni, Magri 2015), passa sotto traccia, raggiunge capillarmente i propri pubblici e ad essi veicola un messaggio non più univoco ma modulare, ritagliato sulle caratteristiche dei target se non addirittura dei singoli individui che possono essere profilati e ingaggiati (anche solo culturalmente) in favore della causa.

Pertanto il ragionamento di Emanuele Severino va completato con un'analisi dell'uso dei media da parte di culture che per lungo tempo sono state ai margini del sistema produttivo e che solo in una fase post-imperialista e post-coloniale si sono riappropriate di mezzi espressivi fino alla più tragica conseguenza della messa in scena di una nemesi sempre più spaventosa.

L'adozione della tecnica come scopo dovrebbe pertanto garantire un percorso di svuotamento valoriale che può essere assimilato a quello della modernità occidentale. Tuttavia le evidenze che ritroviamo nel nostro tempo – dallo stile di vita dei *foreign fighter* a quello di alcune culture del consumo particolarmente sviluppate nei paesi del Golfo – dimostrano che la relazione con la tecnica non si risolve in un compromesso o in una sintesi tra modernità del mezzo e valori/comportamenti di chi lo adotta. Bensì in una contraddizione strutturale che, lungi dall'essere risolta attraverso il cambiamento culturale, ingenera una sorta d'instabilità cognitiva generalizzata che – nella sua tendenza a raggiungere stadi parossistici e incontrollabili – è probabilmente uno degli aspetti centrali di questo libro.

L'estasi del terrore e il consumo della violenza

> Oggi la sola rivoluzione nelle cose non è più nel loro superamento dialettico, ma nella loro elevazione alla potenza x, che può essere quella del terrorismo, dell'ironia o della simulazione. La dialettica non ha più corso, ma l'estasi. E così il terrorismo è la forma estatica della violenza, lo Stato la forma estatica della società, la pornografia la forma estatica del sesso, l'osceno la forma estatica della scena, ecc. Sembra che le cose abbiano perso la loro finalità, la loro determinazione critica, e possano solo raddoppiarsi nella loro forma esacerbata e trasparente. È il caso della guerra pura di Virilio [...].
>
> J. Baudrillard, *Cool memories*

Jean Baudrillard è stato il primo a utilizzare arditamente il concetto di estasi per definire un fenomeno quasi innominabile come quello che è oggetto di questo libro. Anche se quella a cui si rivolgeva il filosofo-sociologo era una tipologia relativamente diversa rispetto alla quale egli dovrà aggiustare il tiro nelle analisi che seguiranno l'11 settembre. Sin dagli anni Ottanta Baudrillard concepiva il terrorismo come «forma estatica della violenza»: segno prepotente della trasparenza del male, altresì capace di svelare la crisi di un sistema che si era pensato come contrapposto al «male» in un gioco a somma zero, ma che ad esso si ritrova legato indissolubilmente.

Il presupposto di tale ragionamento è la crisi della dialettica e dunque anche di una certa idea lineare di storia. Alla dialettica, intesa come svolgimento che passa per la contraddizione e che perviene a una sintesi superiore, si sostituisce la ben più post-moderna idea di elevamento alla potenza *x*. Con tale operazione la forza del negativo, ovvero la contraddizione che traina la storia, si risolve nell'annullamento della negatività sul piano della simulazione. Il negativo moltiplicato per se stesso perde il suo contenuto di contraddizione, di attrito, che consente alla storia di passare a un livello superiore, e resta quasi sublimato in un'immagine potente che però perde ogni referenzialità. L'elevamento alla potenza *x* trasforma così la società in Stato, l'osceno in scena, il sesso in pornografia, la violenza in terrore, ovvero un'esaltazione parossistica e autoreferenziale che svuota tali concetti del loro significato convenzionale e neutralizza la loro capacità di trasformare la storia.

Nel nuovo regime combinatorio della simulazione le «cose perdono la loro finalità» e la loro «determinazione critica» e si riproducono illimitatamente grazie ai mezzi di comunicazione (allora) elettronici, ma ancor più tramite quelli digitali di oggi. Fu celebre la boutade del filosofo nel 1991 allo scoppiare della guerra in Iraq in occasione della quale ebbe a dire che la guerra nel Golfo non era mai esistita. Baudrillard ovviamente si riferiva al fatto che il nuovo regime mediatico, allora in procinto di globalizzarsi, offriva una rappresentazione iper-reale della guerra che dunque c'era ma non c'era nel modo in cui era rappresentata. CNN divenne in poco tempo famosa su scala globale proprio perché ottenne l'appalto della narrazione del conflitto che, tra carri armati finti dislocati da Saddam e riprese agli infrarossi degli attacchi missilistici sui cieli di Bagdad, offriva agli spettatori una versione altamente edulcorata, parziale e distorta sul piano ideologico.

Lo spirito del terrorismo vuole mettere in discussione uno degli assunti fondamentali dell'Illuminismo e dunque delle origini stesse della cultura occidentale.

> Il punto cruciale si situa appunto qui: nel compromesso totale della filosofia occidentale, quella dei Lumi, circa il rapporto del Bene e del Male. Noi crediamo ingenuamente che il progresso del Bene, la sua crescita di potenza in tutti gli ambiti (scienze, tecniche, democrazia, diritti dell'uomo), corrisponda a una disfatta del Male. Nessuno sembra aver capito che il Bene e il Male crescono in potenza contemporaneamente e secondo lo stesso movimento. Il trionfo dell'uno non comporta l'annientamento dell'altro, anzi. Si considera il Male, metafisicamente, come una sbavatura accidentale, ma questo assioma, da cui derivano tutte le forme manichee di lotta del Bene contro il Male, è illusorio. Il Bene non riduce il Male, e non è vero neppure il contrario: Bene e Male sono irriducibili l'uno all'altro e il loro rapporto è inestricabile...

> Quindi niente supremazia dell'uno sull'altro. Questo bilanciarsi si spezza a partire dal momento in cui si ha estrapolazione totale del Bene (egemonia del positivo su qualsiasi forma di negatività, esclusione della morte, di ogni forza avversa in potenza – trionfo dei valori del bene su tutta la linea) (Baudrillard 2001, pp. 18, 20).

L'ossessione della cultura occidentale per il trionfo del bene, che si traduce nella «egemonia del positivo» ovvero di espulsione dal sistema di qualsiasi evento negativo come l'invecchiamento, la malattia, l'impotenza, la morte, è essa stessa uno dei fattori di induzione di una controvisione che si organizza sotto la bandiera del male e che propone una riforma (seppur parziale) di quei valori divenuti totalizzanti. L'utilizzo del termine «estasi» per indicare attività che nulla hanno a che vedere con la dimensione spirituale ma che, soprattutto allora, erano quasi unicamente guidate dall'abbaglio ideologico, può risultare forviante. Forse oggi tale definizione avrebbe più senso vista l'infatuazione di alcuni giovani appartenenti alle seconde e terze generazioni di immigrati nei confronti di un messaggio che è tanto radicale quanto distante dai modi di vita che adottano in seno alle società occidentali.

Ricondotto nell'alveo del discorso religioso, il termine estasi suggerisce un bisogno di fuga dalla realtà quotidiana e di perdita in una dimensione superiore che consente di riconquistare una sorta di autenticità preclusa o limitata dai dispositivi della modernità. Inoltre lo stesso termine, nella sua variante psicotropa, suggerisce la medesima fuga ma svuotata della componente religiosa e totalmente indotta dall'alterazione chimica dei sensi. Un'esperienza estrema, inusitata, capace di stravolgere l'ordinario e di riconciliare il soggetto che ci si abbandona con la propria supposta essenza o autenticità. A tal proposito però l'antropologo delle religioni potrebbe obiettare che questa idea di «estasi» è troppo vaga e sottolineare per esempio la differenza con un altro concetto, quello di «trance», che rappresenta una sorta di variante collettiva e dinamica della condizione «estatica». Gilbert Rouget (1980) per esempio ha insistito su questa dicotomia, attribuendo ai due termini valori contrapposti (Tabella 1).

Se volessimo accogliere la dicotomia proposta da Rouget, per applicarla forse impropriamente al fenomeno terroristico, dovremmo concludere che il terrorismo contemporaneo ha più a che vedere con la dimen-

Tabella 1 – Estasi e trance: valori contrapposti

ESTASI	TRANCE
Visioni	Assenza di visioni
Immobilità – Movimento	Movimento
Silenzio	Rumore
Solitudine	Presenza di altre persone
Privazione sensoriale	Sovrastimolazione sensoriale
Ricordo	Amnesia
Senza crisi	Con crisi

sione della trance che non con quella dell'estasi. Esso rappresenta un tragico rituale pianificato lucidamente (quindi in assenza di «visioni») che implica il movimento, il rumore, la presenza di altre persone, il tentativo di risolvere una crisi identitaria, effetto della sovrastimolazione ma che a sua volta riverbera ovunque diffondendo le orrende immagini degli attentati, alla fine dei quali subentra una sorta di rimozione individuale e collettiva.

Tuttavia, oltre alle riflessioni del celebre etnomusicologo, altri studiosi hanno provato a smussare le differenze tra le coppie sopraelencate, esaltando piuttosto i punti di contatto tra le due categorie. Cosicché si parla di «trance estatica» (Lapassade 1989) come sintesi di stato psicologico e rituale basata sulla dissociazione del soggetto. Pertanto, si dirà che per lo sciamano essa coincide con «il viaggio visionario, ovvero l'allucinazione ritualizzata... per l'estasi è lo stato d'estasi, che – nella prospettiva dell'attore sociale – non è un'uscita dal corpo ma una fusione con il cosmo, con la Divinità (sufismo ortodosso) o l'annichilimento, l'annullamento del soggetto nella Divinità (sufismo eterodosso)» (Palmisano 2013, p. 12). Palmisano prosegue poi sulla linea di Rouget e Lapassade, approfondendo il rapporto tra la fusione trance-estatica e l'antica concezione della mistica islamica come una parentesi, un momento di sospensione delle attività ordinarie, potremmo dire dell'egemonia della vita quotidiana, al fine di aprire un varco verso la divinità. In una simile esperienza del limite possono convergere pulsioni/dimensioni ordinarie e straordinarie: dalla fusione tra vita e morte, dalla percezione del pericolo alla necessità del legame, fino al capriccio e al desiderio di una donna.

Durante la trance, con il corpo divenuto luogo-casa della Divinità, l'iniziato si trova "fra le due soglie", una zona che segue in termini temporali la vita e precede la morte; o che si colloca sulla linea di demarcazione fra vita e morte (cfr. Shihaboddin Yahya Sohravardi, 1155-1191, in *L'arcangelo purpureo*). Questo concetto è stato espresso anche da Muhyi ad Din Abu Bakr Muhammed ibn Ali ibn Arabi (1165-1240), nel suo *Le rivelazioni meccane*, impiegando il termine persiano *barzakh*, che sta a significare "intervallo fra la morte e la resurrezione, interstizio, *isthmus*" ma anche "situazione di pericolo, legame, inizio d'immaginazione, capriccio" e perfino "qualcuno innamorato di una donna".

Terrorismo, misticismo e sensazioni estreme

Senza voler necessariamente comparare la violenza del terrorismo con la profondità dell'esperienza mistica radicata nella tradizione islamica, ci possono essere alcuni punti di contatto tra questi fenomeni, a loro volta paragonabili ad altri ben più mondani e contemporanei. La stessa esperienza mistica è scomponibile in quattro fasi – iniziazione, terapia (conversione), liturgia, divinazione (Palmisano 2013, pp. 15-17) – che potrebbero descrivere adeguatamente anche il processo di reclutamento di *foreign fighter* o di lupi solitari. Oltre alla componente mistico-divinatoria, che è decisiva ma opera sullo sfondo, mostrando numerosi punti di contatto con processi di influenza tipicamente moderni come il mesmerismo e il sonnambulismo (p. 12), come pure le dimensioni tipicamente postmoderne della comunicazione e del consumo (che difatti sono diventate a loro volta prevalentemente esperienziali). Che sia modificata, estraniante, mistica o terrificante, è l'esperienza il comune denominatore di questi fenomeni. E anche quando è particolarmente estrema, rientra in uno schema performativo che aderisce alla logica esperienziale e s'avvicina di molto ad altre pratiche ordinarie diffuse tra i giovani, dagli sport estremi ai videogiochi sparatutto. Daniel Pennac, forse insistendo troppo su una concezione tradizionalista, interpreta il videogioco fondamentalmente come un dispositivo alienante che esercita sui giovani un potere simile a quello delle droghe nella loro capacità di alienare dalla realtà quotidiana appunto ai limiti dell'estasi. Anche in quei casi si assiste a fenomeni di perdita del sé e di fusione con dimensioni ultramondane che, se non direttamente riferibili alla divinità, tentano perlomeno di ricongiungersi con una realtà che deborda il quotidiano (Pozzi 2004) e che su di esso esercita un enorme potere di seduzione, come fa per esempio il simulacro.

> Nelle loro azioni omicide c'è la ricerca di sensazioni estreme ai limiti dell'estasi, come nello stordimento prodotto da una droga. A ciò si deve aggiungere la fascinazione per le armi e l'universo iperviolento dei videogiochi. Così, il passaggio dalla dimensione ludica a quella tragica della realtà viene probabilmente vissuto come il semplice passaggio a un livello più avanzato del gioco. Il mondo reale come prosecuzione dell'universo virtuale (Pennac in Gambaro 19/11/2015).

Inoltre, la medesima forma di alienazione è rinforzata dal consumo di sostanze psicotrope, che da un lato partecipano alla dimensione trance-estatica, come sottolineato dalla psichiatra Ramzi Haddad a proposito della droga usata dai terroristi e chiamata Captagon che «crea una specie di euforia: non dormi, non mangi, ma le energie non ti mancano» (Henley 13/1/2014). Mentre altri articoli insistono sulla dimensione efficientista del consumo di anfetamine che consentirebbe di trasformare quei giovani in infallibili macchine di morte (Spinetti 18/11/2015). Baudrillard (1988) utilizza difatti il termine «estasi» anche per indicare sostanzialmente un processo mediatico in cui il soggetto, esposto alla proliferazione dei flussi comunicativi, perde i propri punti di riferimento identitari, avvicinandosi a una dimensione che è caratteristica dello schizofrenico.

> Dunque, non più isteria o paranoia, sindromi peculiarmente moderne, ma uno stato di terrore che è caratteristico dello schizofrenico, una promiscuità oscena di tutte le cose che lo assilla e lo penetra senza incontrare nessuna resistenza e nessuna aura, neppure quella del suo stesso corpo. A discapito di se stesso, lo schizofrenico è aperto a qualsiasi esperienza e vive nella più totale confusione. L'esposizione ai flussi informativi e computazionali che caratterizzano l'epoca contemporanea produce una perdita del soggetto che non è più nel dramma dell'alienazione ma nell'estasi della comunicazione (p. 18).

Risulta dunque fondamentale la relazione tra storia e teoria del simulacro, con particolare riferimento alla recrudescenza della violenza storica nel periodo che va dalla prima guerra del Golfo, paradigmatica dell'estetica «anni Novanta», sino all'esplosione della violenza jihadista, che l'autore ha affrontato in *Lo spirito del terrorismo* e in *Power Inferno*. Se inizialmente, e fino agli anni Novanta, il progetto del simulacro operava in funzione di uno svuotamento della realtà, epurata da ogni traccia di singolarità, con l'avvento del nuovo millennio il potere del simulacro e dei processi di virtualizzazione a esso collegati soccombe al cospetto di un evento tanto catastrofico quanto spettacolare. Con l'11 settembre il reale ha fatto irruzione nel cuore dello spettacolo, lo ha sfidato sul suo stesso terreno assorbendone il carattere eccessivo, violento ed esplosivo.

Altra vicenda ha interessato il corpo e la sua mutazione. Le immagini efferate delle sevizie e degli scempi, offerte quotidianamente dai broadcast via satellite e successivamente dal web, hanno stravolto l'opinione pubblica mondiale (Cristante 2005) con la loro brutalità, che ha superato in fatto di potenza simbolica i contenuti delle performance artistiche più estreme (Belpoliti 2005). La comunicazione dal basso, che inizia a sostituire quella virtuale e monopolistica della CNN negli anni Novanta, ci ha raccontato un'inaudita stagione di barbarie, coadiuvata dalla proliferazione di nuove tecnologie ma anche da nuove fonti dell'informazione globale (da Al Jazeera ai fotofonini di Abu Ghraib). La dinamica dal basso ha dato vita a «una guerra insolita e aperta, giocata sul territorio dei media [...] per il controllo, l'insediamento, il condizionamento duraturo nell'immaginario globale» (Fiorentino 2004, pp. 16-17). Tutto ciò ha restituito al pubblico una violenza arcaica e rituale, che era stata rimossa dalla fenomenologia della nostra vita quotidiana e divenuta ormai insopportabile per i nostri sguardi accomodati. Se l'ormai indicibile 11 settembre ha richiamato il mondo alla realtà, dato che la storia, assopita dalla profusione dei media, s'è risvegliata riproponendosi con un'inusitata violenza, è altrettanto vero che le nuove possibilità d'espansione geografica e cognitiva del regime iper-spettacolare hanno ulteriormente diffuso e diluito nella realtà quotidiana il diktat di una nuova e sofisticata manipolazione dell'immagine (vedi ISIS).

È possibile dunque parlare di un'autocritica del pensatore francese rispetto all'iniziale teoria del simulacro, suo noto cavallo di battaglia, che è animata proprio dal trauma dell'11 settembre in cui l'estasi del terrore, da un lato, si fa più potentemente simbolica – le torri come immagini del dominio ma anche come l'immagine archetipica dei tarocchi, il Golia della globalizzazione colpito al cuore dai più deboli ecc. – e, dall'altro, è costretta a riconfrontarsi con la stessa storia che sembrava essere stata cancellata o rimossa dallo strapotere dell'immagine mediatica.

Il suicidio come gesto rituale è stato introdotto da altri gruppi terroristici – le tigri Tamil in Sri Lanka, Hezbollah in Libano e Hamas in Palestina (Lombardi, Alvanou, Fonio 2009, p. 7) – ma solo con al-Qaeda e ISIS assume un valore simbolico enorme, capace d'amplificare la potenza comunicativa di questi due brand del terrore. A ben vedere tale tattica è più rappresentativa dei primi che non dei secondi. Probabilmente per una ragione di utilità simbolica e mediatica. Essendo al-Qaeda più propensa ad azioni più complesse, pianificate accuratamente, dall'impatto quasi epocale sull'opinione pubblica e sul senso della storia, mentre il brand ISIS è più modulare, opera su molteplici livelli, tra cui quello ancor più spaventoso del fai da te, ovvero della morte nel quotidiano. Rispetto a questo anche la questione del terrorismo suicida assume un altro significato. Nel caso di al-Qaeda è quello simbolico di immolare i martiri in un evento sensazionale quasi suggellato e coronato dalla morte del suo esecutore. In tal modo, oltre alla fatidica astuzia tattica di utilizzare come boomerang contro il nemico «le armi del sistema, i terroristi dispongono di un'arma fatale: la propria morte» (Baudrillard 2002, p. 15). Una tattica che, tornando al discorso sul nichilismo, la crescita di potenza e l'uso della tecnica, dunque «coniuga mezzi moderni con quest'arma altamente simbolica che moltiplica all'infinito il loro potenziale di distruzione» (p. 16). Un «patto sacrificale» che vuole semplicemente comunicare al suo nemico, ovvero all'Occidente e soprattutto agli USA, che non c'è possibilità di vittoria contro una progenie di combattenti disposti a usare la propria vita contro una potenza che ha come limite i miti della «morte zero» e della guerra chirurgica. Per il nuovo brand del terrorismo invece il gesto suicida è meno rappresentativo e viene utilizzato perlopiù contro i nemici in Medio Oriente, come il recente utilizzo di un bambino di dodici anni per una strage a un matrimonio curdo. Il suo utilizzo in Europa non ha quasi nulla di sacrificale ma svolge una funzione pratica che contravviene alla regola discussa da alcuni studiosi secondo cui «se in una missione suicida gli attentatori sopravvivono, la si può considerare fallita» (Gambetta 2006; Belpoliti 2016). È difatti l'effetto collaterale, la posta in gioco da pagare affinché l'attentato riesca nel migliore dei modi – come per esempio a Nizza – oppure un modo per allungare il ciclo di vita dell'attentato, prolungando il suo impatto sui media e sull'opinione pubblica, in un'attesa che diventa sempre più spasmodica. Con le fughe in Belgio dopo gli attentati di Parigi c'è stata come la percezione che un modello di attacco nato per colpire grazie alla potenza evenemenziale (grande intensità che si esaurisce nel giro di poco) fosse mutato per tenere in tensione un intero continente.

A molti l'11 settembre parve un passaggio decisivo capace di inabissare l'estetica post-moderna per risvegliare la storia intorpidita dal potere dell'immagine, inaugurando così una nuova epoca scossa dalle trasformazioni economiche e dalle tensioni geopolitiche. Le trovate comunicative di al-Qaeda in effetti erano in linea con questa idea di crisi della post-modernità, sebbene ci fosse molto di post-moderno nel ritorno a una violenza rituale e arcaica che mimava elementi e pratiche della tradizione. Allora non era neanche immaginabile il salto di qualità sul versante della comunicazione che, grazie alle nuove formazioni terroristiche, avrebbe riproposto un'immagine ancor più sofisticata, post-prodotta e spettacolare della guerra all'Occidente. Questo è forse un tratto di discontinuità tra il brand di al-Qaeda e quello dell'ISIS. Si ritorna a una costruzione simulacrale in cui addirittura operano case di produzione, grafici e visual designer, comparse o performer di qualcosa che però non è fittizio (a meno che non si voglia accettare una qualche teoria del complotto) ma tremendamente reale.

Se nel primo caso (il vecchio terrorismo) sublimava la realtà tramite l'elevamento a potenza del negativo, nel secondo caso, dell'11 settembre, il negativo è accolto nello spettacolo e con esso entra in competizione a chi è più estremo e inimmaginabile, e nel terzo caso il nuovo marchio del terrore opera in modalità crossmediale, nel senso che setta il tipo di comunicazione rispetto alle caratteristiche specifiche del mezzo e dell'audience, o transmediale nel senso che produce uno storytelling capace di coinvolgere un pubblico variegato che diventa strumento di completamento del messaggio (sui social media) e di rilancio/amplificazione dello stesso su un piano più esteso, talvolta al di là della soglia che ancora separa i media mainstream da quelli social e *grassroots*.

In questa sostanziale compresenza di un'elevata spettacolarizzazione dell'immagine e di una violenza sempre più acerba e primitiva sta forse la cifra dell'attuale terrorismo islamista. All'estasi della violenza prodotta dal terrore corrisponde l'anestesia dello spettatore che, educato dai vecchi media alla proliferazione di immagini catastrofiche, si trova ora a produrne in una varietà sorprendente e illimitata. Anzi, ora è lui la fonte principale di tale produzione che innesca delle spirali anestetiche. Esse solo inizialmente scuotono le coscienze e agitano l'indignazione, ma poi il tutto è riassorbito nel quotidiano e trasformato all'interno di un circuito comunicativo in cui la paura e lo sdegno si riconfigurano come immagini e frasi retoriche. I social media, con la loro capacità autoriflessiva, hanno saputo rappresentare questo fenomeno con trovate a effetto e addirittura tramite diagrammi che, seppur creati per una finalità ludica, sono capaci di esprimere correttamente il senso di stupore e di terrore dinnanzi alla notizia dell'attentato, ma anche il successivo inserimento di tale evento all'interno di una prassi consolidata e normalizzata.

La vulgata esperienziale ha in tal modo incorporato persino un evento estremo, contraddittorio, per sua definizione irriducibile come l'evento terroristico. A sua volta e specularmente il terrorismo ha assorbito e metabolizzato la logica del consumo e del branding all'interno delle sue prassi organizzative e comunicative. Se è vero che ormai tutto è consumo, da quando il consumo è esperienza, l'atto terroristico aderisce alla medesima logica esperienziale che esalta come valore fondamentale l'autenticità. Come si vedrà, la ricerca di autenticità potrebbe essere anche una variabile che spiega la radicalizzazione dei terroristi, che segue una dinamica culturale e cognitiva simile alla sempre più irrazionale pratica degli sport estremi. Certo, tale confronto potrà sembrare eccessivo e anche irriverente nei confronti delle vittime.

Alcuni studiosi hanno cercato di assimilare la soluzione estrema dei terroristi a esempi pregressi di irrazionalismo generazionale. Paolo Magri, intervistato a Radio Popolare, per esempio ha sottolineato come il reclutamento dei giovani «disagiati» da parte di ISIS faccia parte di un «cocktail tremendo»: da un lato, i «disturbi individuali e sociali», dall'altro, il «manto di Daesh che si mescola al disagio sempre più frequente negli adolescenti» (Di Biasio 26/7/2016), presentando alcune analogie con il fenomeno dei «sassi dal cavalcavia» che solo pochi anni fa catturava l'attenzione dei media. Se è vero che in entrambi i casi ci troviamo dinnanzi a forme di irrazionalismo, di vuoto esistenziale che prova a essere colmato tramite un gesto tanto assurdo quanto eclatante, e di condizionamento da parte del gruppo di riferimento, nel caso del terrorismo siamo di fronte a una forma di protagonismo molto più spiccata e di coinvolgimento organizzato di una violenza talmente estrema o a detta di Appadurai «ipermoderna» (Cancellato 27/7/2016), da far dimenticare facilmente l'ondata di panico che si attivò con il lancio dei sassi. In entrambi i casi è sicuramente presente una dimensione esperienziale estrema che rivendica il diritto di essere provata, ma questo ha forse molta più attinenza con sport estremi sul modello del base jumping: la pratica del lancio con la tuta alare che combina perfettamente il protagonismo spiccato del performer, esaltato dalle videocamere GoPro, unita all'appartenenza tribale degli appassionati. Elementi decisivi nella definizione di questo sport in cui la morte del protagonista è in qualche modo sempre la posta in gioco. Così tragica scomparsa di Uli Emanuele, morto durante un lancio da 3100 metri, è solo l'ultima di una lista di 270 decessi dal 1981 a oggi (Seneghini 19/8/2016). L'esperto lanciatore con più di 2000 salti nel suo curriculum ci teneva a sottolineare «[...] chi pratica questo sport non è un pazzo. Non posso permettermi nessun errore... la tensione serve per essere concentrati» (Bizzarro 19/8/2016) ma allo stesso tempo ammetteva che tra i praticanti di questo sport estremo «senza la possibilità di filmarsi, almeno la metà rinuncerebbe», dichiara al *Corriere*.

Nel caso del terrorismo le vittime sono la posta materiale in gioco, mentre colui che s'immola è la posta simbolica. Negli sport estremi le vittime sono gli stessi protagonisti quando osano più del dovuto e soccombono alla loro stessa passione ludica. La logica dell'estremizzazione dell'esperienza unica e irripetibile è dunque un aspetto paradossale: essa è suggerita e inculcata da un sistema che ha nel frattempo standardizzato ogni pratica e mercificato ogni relazione, ma proprio per questo esalta l'unicità, l'irripetibilità e l'autenticità di ogni esperienza. Soprattutto di quelle esperienze che confrontandosi con la morte rendono unici coloro che con esse si cimentano. Certo, l'affiliazione dei giovani al terrorismo islamico è cosa molto diversa, anche perché il *base jumper* non fa male a nessuno se non a se stesso, ma le sue azioni sono comunque esemplari e possono innescare dinamiche imitative e di «reclutamento»; inoltre, in entrambi i casi, la dinamica esperienziale è determinante: vivere ad ogni costo un'esperienza autentica contro la logica seriale del consumo, come lo stesso marketing ci induce a pensare da più di quindici anni.

Attacco all'Occidente e/o al villaggio globale

Seguendo ancora Emanuele Sevrino (2013), l'Occidente è per definizione l'Occade, ovvero la «terra del tramonto». Un tramonto che per molti è solo astronomico, per altri malauguratamente etico-valoriale, per quasi tutti la conseguenza storica di una globalizzazione dell'ineguaglianza che è stata mossa dalla ragione occidentale ma che poi, nella sua logica di sfruttamento predatorio, ha messo in crisi la stessa cultura ed economia che l'avevano generata. Se plausibilmente l'Occidente non è più il centro del pianeta, come ancora molte mappe tentano di asserire, esso continua a rivestire una centralità simbolica che lo trasforma in obiettivo polemico non solo delle forze antagoniste che si prepongono l'obiettivo di combatterlo, ma anche più generalmente da parte di una cultura diffusa nei paesi non occidentali che, seppur sposando le principali conquiste provenienti dalla cultura «dominante», percepiscono comunque un senso di scollamento, di non totale aderenza ai valori fondamentali su cui l'Occidente stesso si è edificato.

Considerando che il terrorismo islamico rappresenta la più oltranzista tra le forze che si contrappongono ai valori cardine del sistema occidentale, è certamente utile capire il motivo per il quale l'Occidente, ma ancor più l'Europa e specialmente la Francia, sono divenuti gli obiettivi privilegiati di questa furia omicida che è al contempo una furia iconoclasta.

Maurizio Molinari fa leva su una triplice chiave di spiegazione del nuovo terrorismo che scaturisce da macro-fenomeni come: a) l'implosione degli Stati-nazione nel mondo arabo; b) il processo di ritribalizzazione che si produrrebbe dal crollo degli Stati-nazione, come essi furono disegnati in seguito alla prima guerra mondiale; c) quella che potremmo definire guerra civile all'interno del mondo arabo tra la maggioranza sunnita (circa l'80%) e la minoranza sciita (il restante 20%). La recrudescenza degli scontri tra le due contrapposte fazioni sarebbe una delle cause della nascita del nuovo terrorismo che si diffonde sotto la bandiera del Califfato nero. La sua creazione sarebbe pertanto una sorta di risposta all'espansione e al maggior grado di organizzazione delle milizie sciite – come Hezbollah e Al Fatah – che, a ben vedere, hanno introdotto diversi metodi di combattimento che oggi caratterizzano anche lo stile dell'ISIS (Molinari 2015). Se l'obiettivo della guerra interna al Medio Oriente, mossa sui due fronti orientale e occidentale, è quello di produrre disordine e frammentazione per impedire la ricostruzione degli Stati di Iraq e Siria, l'attacco all'Occidente mirerebbe invece a inoculare il virus del disordine in Europa. Soprattutto in Francia, paese più fragile per via del passato colonialista e per i grandi numeri dell'immigrazione, che potrebbe non reggere lo stress dei continui attentati, e sprofondare in una guerra civile.

Pur considerando validi i tentativi da parte di vari politologi, esperti di relazioni internazionali, di strategie militari, di geopolitica ecc., nello spiegare la scelta degli obiettivi in base a una pianificazione strategica (l'immagine del *foreign fighter*) o a una totale depianificazione tattica (il lupo solitario), gli studiosi dell'immaginario sanno bene che, pur nella priorità data dalle condizioni materiali (logistiche, finanziarie ecc.), l'effetto che si vuole ottenere è sempre e comunque sull'immaginario collettivo. Vanno pertanto considerate le differenze con una guerra classica, simmetrica, in cui il numero delle vittime sul campo è spesso la misura della vittoria e della sconfitta. Per dirla con Elias Canetti (1979) «[...] non c'è alcun dubbio: in guerra si tratta di uccidere, di uccidere in grandi quantitativi. L'obiettivo è un mucchio di nemici morti» (p. 22). Del resto la guerra anticipa parecchi aspetti dell'industrialismo e l'industria ha modificato la guerra aprendo la possibilità di uno sterminio di massa, sulla falsariga della produzione di massa. Nel caso del terrorismo, invece, la dimensione materiale dell'attacco è ben poca cosa rispetto a quella simbolica. Certo, i numeri hanno sempre un impatto rivelante sui media e sulle persone, ma possono diventare secondari e il loro impatto dipende dalle altre variabili in gioco. Per esempio, nel caso di *Charlie Hebdo* il numero dei morti è decisamente secondario rispetto all'impatto emotivo, che difatti mobilitò milioni di persone insieme all'élite politica globale nella grande manifestazione di Parigi nel 2015. Nel caso dell'attacco a Nizza i numeri erano impressionanti non nel loro valore assoluto ma rispetto alla modalità delirante di un'azione condotta da un singolo attentatore. Lo stesso vale per Orlando, che ha mobilitato ancora una volta il popolo dei «je suis», ma la cui capacità di produrre commozione si è esaurita repentinamente un po' per la modalità d'attacco che ricorda la follia seriale tipicamente americana, un po' ahimè per la specificità del target. Infine, quello nella chiesa in Normandia corrisponde al primo attacco a una chiesa sul territorio europeo. Per questo sono stati molto estesi il cordoglio e la reazione, nonostante il numero esiguo delle vittime che, come in pochi casi, è addirittura inferiore a quello degli attentatori. Il valore simbolico degli attentati, non è pertanto riducibile al conto delle vittime, ma a un rapporto più complesso tra: tipologia dell'obiettivo/modalità d'esecuzione/profilo sociopsicologico dell'attentatore/tipologia e numero delle vittime.

L'attacco di *Charlie Hebdo*, il primo in Europa della nuova ondata di terrore che passa per il nuovo brand, ha voluto certamente punire i vignettisti che in modo volutamente provocatorio si sono permessi di agitare le coscienze delle grandi folle che abitano i paesi musulmani, specialmente quelli del Nord Africa. La storia, si sa, nacque in Danimarca e il moto di scontento che provocò fu talmente forte da far paura ai politici e alle opinioni pubbliche occidentali. Il processo di condensazione che passa per un atto discutibile ma del tutto legittimo nello schema della democrazia occidentale: il ruolo dei media nell'enfatizzare il dibattito, il sentimento d'indignazione che si diffonde tra vaste schiere di fedeli, le risposte materiali e violente contro le ambasciate, la reazione di contenimento dei paesi che hanno ospitato le manifestazioni ecc. Tale sequenza corrisponde al modello sociologico che esamina la creazione di «demoni popolari» (Cohen 2002) come fattore chiave nello sprigionamento di correnti di «panico morale» capaci di modificare drasticamente le leggi e la vita democratica di una data nazione. *Charlie Hebdo* si è generata a partire da un moto d'indignazione e di una reazione drammatica nei confronti di un atto tutto sommato marginale, ma che proprio per questo marca una sostanziale contrapposizione paradigmatica tra due culture: l'una razionalista e materialista in cui la cogenza delle azioni ha un peso giuridico superiore ai meri *flatus vocis*, l'altra in cui le parole e le immagini hanno un peso giuridico tale – soprattutto se pronunciate contro un'entità superiore che, pur non presente ai sensi, è ontologicamente data e indiscutibile – da poter decretare la vita e la morte delle persone. Questo fenomeno era ben noto già a partire dal celebre caso dell'autore mainstream Salman Rushdie, ma qui la questione è stata ben più potente perché non riguardava la mera iniziativa personale di uno scrittore, bensì la bandiera di un diritto costitutivo delle democrazie che, a quel punto, andava difeso o ridiscusso dalla stampa e dalla politica. Nonostante in molti si sforzino di scindere ad ogni costo il legame tra questo terrorismo e una cultura islamica più diffusa, tale fenomeno dimostra chiaramente il contrario. Soprattutto se esaminato facendo riscorso alla categoria di immaginario collettivo si potrebbe quasi azzardare l'ipotesi che la condensazione nell'immaginario di paure e sentimenti di avversione alla pubblicazione delle vignette sia la base culturale su cui si è innestato il brand ISIS che in quanto brand è un mediatore o meglio un commutatore (Barile 2009) tra l'immaginario e le prassi quotidiane di milioni di persone.

La risposta di Papa Bergoglio all'attacco rappresenta il suo peggior errore comunicativo nel corso di una carriera brillante come capo della chiesa cattolica. L'immagine bonaria e universale dell'offesa alla «mamma» che giustificherebbe un «pugno» – tradotto: se offendi Dio puoi aspettarti una qualsiasi risposta – rappresenta un posizionamento allarmante nel quadro dello scontro delle inciviltà. Non dalla parte delle destre che gli rimproverano di non scendere in campo per dare vita a una guerra di religione, ma dalla parte di altre forze regressive che in modo diverso combattono gli ideali laici. Un'affermazione eclatante in primo luogo per via della sproporzione inaudita tra l'offesa e la reazione, che tra l'altro muovono su due piani ontologici diversi, ovvero quello dell'immagine di Dio e quella del corpo fisico delle persone massacrate. In secondo luogo, consolida una sorta di solidarietà nascosta tra le due concezioni monoteistiche, mentre i politici che inneggiano allo scontro delle civiltà vorrebbero usare politicamente la bandiera del chiesa cattolica e delle radici cristiane dell'Europa.

Scontro delle inciviltà

Come già sottolineato all'epoca delle vignette danesi, questo scontro mimetico, quasi solidale e pertanto potenzialmente fittizio, torna oggi sotto diverse spoglie, ingaggiando una sorta di contesa simbolica con i nuovi e ben più diffusi populismi che attraversano Europa e Stati Uniti. Mi permetto di citare un brano tratto da un mio pamphlet, *La mentalità neototalitaria*, per recuperare due concetti tra loro correlati: lo scontro delle inciviltà e la conflittualità mimetica.

> Lo scontro delle inciviltà gioca su livelli multipli di offesa e di risposta all'affronto, su di una velleità mimetica che talvolta è frutto del fraintendimento, dell'incomunicabilità, dell'irriducibilità delle culture, in altri casi invece esso gioca proprio su quel minimo di conoscenza garantito dallo stereotipo, che dice poco sulla ricchezza culturale di un popolo o di un credo ma dice molto sulla sua vulnerabilità. Così l'ultimo episodio che vede coinvolti a rango di simboli del conflitto un Paese che è notoriamente in Europa una punta avanzata delle libertà civili e – addirittura – l'intera nazione islamica, oppure il suo fantasma sventolato dalla propaganda della destra occidentale come anche dalle stesse guide dei paesi musulmani. Così le vignette su cui si è detto molto hanno scatenato una tempesta di insulti, polemiche, atti vandalici, sdegni reciproci ecc. Ma la vicenda ha ben delineato quali sono i fronti in lotta nello scontro delle inciviltà. L'appoggio fornito alla "ingiustificata" protesta degli islamici da parte della Chiesa cattolica e addirittura di alcuni rabbini si basa sul fatto che la religiosità è cosa profonda e cara che non può essere toccata nemmeno se solo per via immaginifica o linguistica. È altrettanto paradossale vedere che la sedicente nazione islamica, sempre divisa e frammentata dinnanzi a vicende internazionali gravissime (vedi invasione dell'Iraq), possa risvegliarsi e inveire unanimemente contro vignette satiriche nemmeno troppo marcate, pubblicate ben quattro mesi prima. La posizione più diffusa anche in Europa è quella del politicamente corretto: "hanno sbagliato entrambi", senza valutare la sproporzione tra una libertà legittima sancita dalle costituzioni democratiche e un'assolutamente illegittima euforia minatoria che a sinistra può essere giustificata solo attraverso l'argomento del punto di saturazione (p. 25).

Se il celeberrimo scontro delle civiltà di huntingtoniana memoria insiste sulla sostanziale deideologizzazione del conflitto geopolitico a cui si sostituisce un conflitto ancor più profondo di matrice confessionale, mentre Appadurai parla di «civiltà degli scontri» per sottolineare la comune vocazione alla violenza delle opposte fazioni, la mia idea di scontro delle inciviltà introduce il tema della conflittualità mimetica: l'idea che nel processo di radicalizzazione e polarizzazione tra le fazioni entrambi i contendenti si rifugino nei presunti valori tradizionali e pre-moderni che, paradossalmente, evidenziano più similitudini tra loro che non opposizioni. Il conflitto produce la radicalizzazione e a sua volta polarizza le posizioni dei contendenti che, nel loro arroccarsi ai presunti valori della tradizione (l'Europa cristiana da un lato e la sharia dall'altro), giungono fatidicamente a somigliarsi.

Un altro libro più recentemente ha riflettuto sulle medesime tematiche, anche se nella forma della fiction e disegnando uno scenario di stampo distopico, in cui l'acceleratore verso la catastrofe non è più la tecnologia ma la religione. Parliamo di *Sottomissione* di Michel Houellebecq, pubblicato inverosimilmente in concomitanza con il tremendo attentato di *Charlie Hebdo*. In numerosi punti del libro il ragionamento dell'autore francese chiude magicamente il cerchio sul rapporto tra le radicalità della o delle visioni islamiste e quella dei nuovi populismi che attraversano l'Occidente. Tra le molteplici riflessioni che compongono il libro, quella che mi pare più toccante, a conferma di quanto detto nella precedente citazione, sottolinea il fatto che «il vero nemico dei musulmani, quello che temono e odiano più di qualsiasi altro, non è il cattolicesimo: è il secolarismo, la laicità, il materialismo ateo» (p. 134).

Del resto il libro è una sorta di specchio che riflette il malumore della società francese e soprattutto la svolta delle formazioni di destra. Al tempo stesso, agisce come un motore capace di produrre ulteriore frustrazione, paura e dissenso nei confronti della politica politicamente corretta dell'attuale amministrazione. Per questo motivo partecipa attivamente al medesimo processo qui descritto e, mettendo in scena lo spettro finzionale di un'islamizzazione politica della Francia, partecipa anche praticamente alle trasformazioni che in questo periodo agitano il corpo frastagliato dell'intero paese. Il libro dunque delimita l'obiettivo alla Francia ma allude all'idea che il medesimo processo di islamizzazione sia possibile anche altrove.

Al di là dell'ipotesi della deriva teocratica della patria dei numi, il libro risulta di particolare interesse più per i suoi dettagli, per le questioni che potremmo definire di contorno. Per esempio, la figura interessantissima di Ben Abbes che per via della sua astuzia politica merita il paragone con illustri statisti francesi: «un uomo politico estremamente abile, senz'altro il più abile e il più scaltro che abbiamo in Francia dopo François Mitterand» (p. 133). Il paragone fa già chiaramente intendere la capacità mimetica di colui che aspira a diventare il primo presidente francese musulmano. Mimetico perché è in grado di valutare i punti di debolezza del sistema istituzionale, sfruttandoli a suo vantaggio, specialmente in quell'equilibrio precario che la polarizzazione tra destra e sinistra sui temi chiave dell'immigrazione ha prodotto. Così, nei momenti più delicati, tra cui la manifestazione non autorizzata indetta dal Fronte Nazionale, egli assume i toni del moderato, di colui che vuole evitare a ogni costo lo scontro frontale e soprattutto che non vuole passare per estremista.

Sempre nei termini di una relazione mimetica con gli altri partiti, il lungimirante scrittore francese si sofferma dapprima sul rapporto con la sinistra. Infatti, dal punto di vista della politica economica, non si danno sostanziali distinzioni tra la concezione socialdemocratica e quella islamica. Il vero punto di disaccordo diventa invece l'istruzione, ovvero scuola e università. Anche il partito socialista fece di tutto per «occupare» i luoghi dell'istruzione francese, e lo stesso si appresta a fare la Fratellanza musulmana, con la differenza che l'impatto dei principi islamici sul sistema formativo è presumibilmente più netto e stravolgente. In seguito Houellebecq individua anche ulteriori punti di contatto tra la Fratellanza e la destra, ovvero tra i principali interpreti in Francia dello scontro delle inciviltà. A differenza di altri che proponevano la sharia come grande innovazione sociale, Abbes le restituiva il suo valore rassicurante e tradizionale – «con un profumo di esotismo che la rendeva ancor più desiderabile» (p. 132). La proposta del leader musulmano suona quasi come un'operazione pubblicitaria, un nuovo tradizionalismo dal gusto velatamente esotico che lo rende ancor più apprezzabile da parte di un pubblico post-moderno sempre più frammentato e impossibilitato a esprimere un'identità stabile, ma solo molteplici possibilità d'identificazione (Maffesoli 2003).

> Quanto alla restaurazione della famiglia, della morale tradizionale e, implicitamente, del patriarcato, davanti a lui si apriva un'autostrada che né i rappresentanti della destra, né tantomeno quelli del Fronte nazionale potevano percorrere senza farsi dare dei conservatori o addirittura dei fascisti dagli ultimi sessantottini, mummie progressiste moribonde, sociologicamente esangui ma rifugiate nelle città mediatiche (Houellebecq 2015, p. 132).

Sul fronte dei valori tradizionali, la sharia vince anche rispetto alla più radicale formazione di destra per il semplice fatto che non è stata in alcun modo attraversata, e dunque modificata, dalla modernità, come ha sostenuto Ratzinger nel celebre discorso di Ratisbona, rispetto al quale il fatidico «pugno» di Bergoglio rappresenta solo una conferma della tesi inizialmente proposta sul vero nemico comune di musulmani, cristiani ecc., ovvero l'ateismo e il laicismo.

Polarizzazioni e fratture

Oltre a questi validissimi spunti di riflessione di carattere politico ma anche antropologico, il libro suggerisce una traccia che dovrebbe far pensare i sostenitori dello scontro, di civiltà o di inciviltà che si voglia. Non è un caso forse che la questione terrorismo emerga sporadicamente nel corso del libro (come a p. 133) mentre la dinamica demografica è la questione chiave che, nel giro di venti, trent'anni, modificherà profondamente il tessuto socioculturale del paese e soprattutto il suo assetto politico-costituzionale. Ma a questo punto una domanda diventa obbligatoria: se l'autore dovesse aver ragione nel considerare l'islamizzazione un destino inesorabile, di medio termine e quasi naturale, per quale motivo siamo oggi di fronte a questa incontrollata esplosione di attentati terroristici?

A ben vedere può sembrare strano che questo terrorismo non venga mai definito come eversivo, a differenza dei vecchi estremismi più politici e ideologici, come se non si percepisse socialmente la possibilità di ribaltare lo stato delle cose o meglio come se, tra i tanti obiettivi perseguibili da questo terrorismo, quello di un ribaltamento dell'ordine statuale non fosse contemplabile. Certo, si potrebbe mettere in discussione il punto di vista dell'autore per il semplice fatto che si tratta di un racconto finzionale, ma il dibattito politico in Francia su tali questioni dà per assodata l'ipotesi della bomba demografica e anche in Italia intellettuali noti per le loro posizioni relativamente moderate oggi partecipano alla polarizzazione, riposizionandosi verso destra. È il caso dell'intervista rilasciata da Giovanni Sartori, in cui il celebre politologo non solo accetta la tesi di fondo del libro di Houellebecq ma elenca un numero di soluzioni particolarmente estreme, come se quel libro non fosse semplice fiction, ma la definizione di uno scenario assolutamente plausibile.

> Su queste parole, in Francia, intellettuali di sinistra ora cominciano a parlare come la destra. Dicono che il multiculturalismo è fallito, che i flussi

> migratori dai Paesi musulmani sono insostenibili, che l'Islam non può integrarsi con l'Europa democratica... Perché le società libere, come l'Occidente, sono fondate sulla democrazia, cioè sulla sovranità popolare. L'Islam invece si fonda sulla sovranità di Allah. E se i musulmani pretendono di applicare tale principio nei Paesi occidentali il conflitto è inevitabile... dal 630 d.C. in avanti la Storia non ricorda casi in cui l'integrazione di islamici all'interno di società non-islamiche sia riuscita. Il multiculturalismo non esiste. I clandestini, come persone che vivono in un Paese illegalmente, devono essere espulsi. E chi rimane non può avere diritto di voto, altrimenti i musulmani fondano un partito politico e con i loro tassi di natalità micidiali fra 30 anni hanno la maggioranza assoluta. E noi ci troviamo a vivere sotto la legge di Allah. Ho vissuto trent'anni negli Usa. Avevo tutti i diritti, non quello di voto. E stavo benissimo... La sinistra è vergognosa. Non ha il coraggio di affrontare il problema. Ha perso la sua ideologia e per fare la sua bella figura progressista si aggrappa alla causa deleteria delle porte aperte a tutti. La solidarietà va bene. Ma non basta (Mascheroni 17/1/2016).

L'invettiva di Sartori non si limita a contrastare la gestione dell'allarme terrorismo ma è contro una visione delle sinistre europee che ha tentato di integrare le diversità culturali, *in primis* quella musulmana, senza rendersi conto dell'impossibilità di tale progetto. Con una disinvoltura inattesa, il politologo passa in rassegna i principali discorsi che oggi dividono la destra e la sinistra nel dibattito politico, senza preoccuparsi delle conseguenze, dirette o indirette, di ciò che sta dicendo. In una prospettiva molto simile a quella di Houellebecq (si pensi a come entrambi critichino la sinistra), Sartori partecipa non neutralmente al dibattito, anzi dà sostegno a una posizione oltranzista in quanto intellettuale ex moderato che ora si rende conto della gravità della situazione in cui siamo. Tale movimento accompagnato da un simile monito è una spia d'allarme per gli *influencer* e per l'opinione pubblica. È come dire: le cose stanno cambiando, le precedenti posizioni ideologiche non hanno più senso, occorre riposizionarsi per affrontare un problema che sta degenerando, la posizione corretta è quella dell'opposizione frontale.

In modo sempre meno tacito, una figura tipica di intellettuale come Sartori sta partecipando più o meno intenzionalmente a un processo che forse è proprio ciò che i terroristi vogliono (direbbe l'uomo di sinistra) o forse è semplicemente una dinamica più generale a cui difficilmente possiamo opporci (direbbe il teorico delle catastrofi). Anche questo processo è stato esaminato da Gregory Bateson, che ha voluto chiamarlo schismogenesi (Bateson 1977). L'insegnamento del grande antropologo può aiutarci a comprendere la frattura che si è creata e che si vuole allargare in seno alla società globale. Bateson è un autore chiave in questo studio perché ha offerto uno dei modelli più significativi per la comprensione dello scontro tra le culture. In primo luogo, egli sottolinea come lo sguardo dell'antropologo non debba assolutamente considerare alcune caratteristiche delle culture che studia come essenze o realtà tangibili, ovvero ontologiche. Questo perché le «categorie di religioso, economico, ecc. non sono suddivisioni reali, presenti nelle culture che studiamo, ma sono pure e semplici astrazioni che ci fabbrichiamo in testa per nostra comodità...» operando con tali astrazioni si deve fare attenzione a non incorrere nella «fallacia della concretezza malposta» di Whitehead (p. 98). Quelle che utilizziamo per scomporre e comprendere un fenomeno complesso come il terrorismo islamico sono certamente categorie che l'osservatore, proveniente da una cultura diversa da quella osservata, proietta sull'oggetto che deve essere esaminato. La divisione netta tra tali categorie (giuridiche, economiche, antropologiche, religiose, psicologiche ecc.) è il prodotto stesso della cultura a cui appartiene lo studioso e che pertanto, applicandole al fenomeno osservato, tende a forzarlo sottomettendolo a una logica propria.

Inoltre Bateson ci tiene a precisare che il processo di generazione del conflitto, come esito dei «contatti tra culture», non ha a che vedere unicamente con culture diverse, più o meno distanti, ma può riguardare anche una cultura unica che, a causa di una determinata dinamica storica e comunicativa, a un dato momento produce al suo interno una divisione che tende ad acuirsi, fino alla possibile distruzione stessa del sistema. Per l'autore, i contatti tra culture differenti possono avere tre possibili esiti (p. 100):

- la fusione completa dei gruppi inizialmente diversi;
- l'eliminazione di uno dei due gruppi;
- la persistenza di ambedue i gruppi in equilibrio dinamico all'interno di una più vasta comunità.

Affinché si verifichi la prima opzione, ovvero la fusione completa tra i gruppi, occorre che gli «individui posseggano strutture di comportamento compatibili e omogenee». Tale condizione può verificarsi all'interno di comunità che si trovano in «uno stato di equilibrio approssimato», ma l'antropologo ci tiene a precisare, anche usando un'espressione valutativa, che «purtroppo le nostre comunità in Europa sono in uno stato talmente mutevole che queste condizioni quasi non si verificano».

La seconda opzione – eliminazione di uno dei due gruppi – è un obiettivo che prende forma in una fase avanzata della schismogenesi, cioè quando c'è stata già una scissione tra i due gruppi e ognuno di essi ha iniziato ad assumere tratti fisionomici distinti, talvolta antitetici, al punto da porsi in maniera totalmente conflittuale con l'altro gruppo, rispetto al quale si è talvolta antitetici, o addirittura antagonistici. Al di là del raggiungimento dell'obiettivo, Bateson sottolinea l'importanza del «determinare che tipo di effetto abbia questa attività ostile sulla cultura dei sopravvissuti» (p. 101).

La terza opzione è definita la più «istruttiva» in primo luogo perché affinché essa si verifichi occorre che il sistema raggiunga un «equilibrio dinamico», il che comporta un processo di differenziazione interna degli «strati sociali». Per tale motivo la società globale e multiculturale è un'organizzazione complessa e altamente diversificata al suo interno, mentre la comunità d'origine, alla quale s'appellano tanto gli integralisti (non solo islamici) quanto i populisti identitari, è un'organizzazione omogenea e semplificata.

Bateson distingue due tipi di schismogenesi che ci consentono di ricondurre tale modello al discorso introduttivo sulla mutazione della paura e sulla costruzione del nemico. Il primo, la cosiddetta schismogenesi simmetrica, rimanda direttamente alla Guerra fredda e all'equilibrio precario tra due superpotenze che si percepiscono l'una l'antagonista dell'altra su un piano di equipollenza. La rottura dell'equilibrio in tal caso può determinare la seconda opzione, ovvero la distruzione totale del nemico, ma nel caso della guerra termonucleare anche indirettamente di se stessi. Nella schismogenesi complementare è possibile che la differenziazione tra i due gruppi diventi progressiva e ai segnali assertivi del gruppo A seguano quelli di sottomissione del gruppo B, talché «è possibile che la soggezione induca maggiore assertività, che a sua volta indurrà ulteriore soggezione». Questa forma più articolata di schismogenesi «se non viene frenata, conduce a una progressiva distorsione unilaterale della personalità dei membri dei due gruppi, che sfocia in una reciproca ostilità, e inevitabilmente conduce al collasso del sistema» (p. 103).

In termini squisitamente cibernetici la schismogenesi simmetrica corrisponde a un meccanismo d'amplificazione (feedback positivo) che a un livello più generale può dare vita al mantenimento dell'equilibrio tra i due player (come nel caso della dissuasione durante la Guerra fredda). Mentre quella complementare rappresenta un feedback positivo in cui la dominazione dell'uno incentiva la sottomissione dell'altro e così via.

Mostri, media e battaglie tra culture

Non credo esista una migliore definizione di ciò che le azioni terroristiche provano a fare nel tentativo di: rinforzare il senso identitario dei diversi gruppi che compongono le società occidentali, elidere il legame sociale che tra loro si è da tempo istaurato, aumentare la polarizzazione tra le loro reciproche posizioni, produrre lo scontro simbolico o fisico tra le diverse fazioni. I media ovviamente giocano un ruolo cruciale in tale processo soprattutto grazie alla loro capacità di etichettare determinati fenomeni e di trasformarli in demoni popolari, scrive Cohen nella prima edizione del suo libro, nel 1973, ovvero nei mostri che assillano il nostro immaginario collettivo. La teoria del panico morale s'integra con il modello della schismogenesi ma consente di assegnare un ruolo decisivo all'azione dei media. Cohen sintetizza e descrive in maniera esemplare il processo di retroazione positiva (caratteristico anche della schismogenesi complementare) in una ricerca dedicata ai disordini sulle coste inglesi nella prima metà degli anni Sessanta. L'originaria convivenza tra le due sottoculture giovanili dei Mods e dei Rockers a un dato momento e per opera dei processi di etichettamento della stampa – che iniziò a isolare i fenomeni dando loro una precisa definizione identitaria, che a sua volta innescò un movimento a spirale – venne meno. La trasformazione dei Mods in demoni popolari diede inizio a una spirale informativa che da un lato ingigantì il fenomeno e dall'altro allarmò i vari sistemi intermedi (quello dei media, quello politico e quello giuridico), che produssero una convergenza mirata a inasprire le leggi limitando le libertà civili. Lo stesso Cohen nell'edizione del 2002 del suo libro suggerisce che tale modello può essere applicato ai terroristi islamici. Ovviamente con distinzioni strutturali tra un fenomeno di delinquenza giovanile, che ben si presta a essere ingigantito dalle dicerie popolari e dai media, e un fenomeno di ultraviolenza che nella sua definizione progettuale mira a surclassare qualsiasi altro tipo di crimine avvicinandosi a ciò che in Occidente può essere considerato come il male assoluto.

A partire dal movimento che si è scatenato nel mondo arabo sull'onda della reazione emotiva nei confronti delle vignette pubblicate in Danimarca, è possibile rilevare come il processo di schismogenesi abbia coinvolto diversi settori della società, dai media all'opinione pubblica, alla politica, in una spirale di autoamplificazione che somiglia molto al modello del panico morale. Soprattutto il modo in cui un fatto, che in Occidente consideriamo come eminentemente comunicativo, ha avuto un impressionante riverbero sulla vita sociale e politica di interi popoli, per poi depositarsi nell'immaginario di quei popoli sotto forma di risentimento, in attesa che il ciclo di vita di al-Qaeda come brand si incamminasse sulla curva discendente, per poi diventare il vessillo della nuova stagione terroristica inaugurata dal brand ISIS.

All'epoca, prima di esaminare tale fenomeno tramite le teorie di Bateson, avevo evidenziato il paradosso di una sostanziale «conflittualità mimetica» (Barile 2008): nel processo di separazione e di enfatizzazione dei propri tratti distintivi, le due culture che entrano in conflitto giungono ad assomigliarsi sotto vari aspetti. Mentre, al contempo, i moderati che producono sintesi tra le due posizioni estreme, e che dunque sono i veri nemici di tale processo, sono in qualche modo stimolati ad aderire a una delle due fazioni impegnate nel processo di polarizzazione. Ciò che accadeva già in epoca pre-ISIS, oggi è molto più presente ed esercita un'enorme pressione sull'agenda politica, su quella dei media ma primariamente sulla sensibilità dei cittadini europei.

> [...] nello scontro delle inciviltà non c'è più posto per quel valore tanto caro a Voltaire e ai padri dell'Illuminismo e della stessa democrazia. Il laicismo diventa quasi inammissibile, come anche i moderati di tutto il mondo che risultano essere le vere vittime di tale disfida. Non c'è posto per una visione che assegni a certe concezioni il valore di un mero flatus vocis, di chiacchiera su cui non c'è assolutamente nulla da discutere. Una cosa è il bisogno personale o collettivo di spiritualità, un'altra è che tale bisogno assurga al ruolo di istituzione, alla cogenza di un'azione collettiva. La deriva teocon o sionista e quella islamica ci dimostrano come non ci sia nulla di metafisico nell'at-

> tuale bisogno di trascendente. Anzi, è solo un fatto di posizionamento politico che palesa la debolezza della democrazia, del liberalismo, della visione materialista e atea. Queste credenze religiose si affermano oggi come forze centripete capaci di sfibrare dall'interno il tessuto delle democrazie moderne. E l'efficacia della loro promessa non è più dettata da un'argomentazione metafisica o dall'indelebile bisogno di spiritualità delle persone, ma da una sorta di panico strisciante e inconsapevole. La paura di non poter resistere alla violenza dell'altro senza un'adeguata dose di arcaismo e d'irrazionalismo. Già René Girard individuava agli albori dell'avvento della religione un sentimento di paura nei confronti dell'altro e una violenza che doveva essere ritualizzata e indirizzata all'esterno verso un capro espiatorio. Ma in questo caso la violenza esplode come rivendicazione del radicamento in una comunità "immaginata" che è costruita come tale tramite l'utilizzo di strumenti simbolici e mediatici (Barile 2008, p. 26).

Queste parole suonano al contempo come prefigurazione dello scontro ancor più cruento cui oggi stiamo assistendo, ma anche come quasi obsolete, nel senso che ricordano un bel tempo che fu, in cui la risposta alle vignette satiriche era al massimo una protesta rumorosa, semmai l'attacco a qualche ambasciata con il rituale incendio di qualche bandiera e di qualche fantoccio. Tuttavia la relazione tra i due eventi – posto che di relazione si possa parlare – ci dice qualcosa di inquietante che solo pochi giornalisti e alcuni analisti tendenzialmente schierati a destra sono disposti ad accettare. In qualche modo, forse in modo non desiderato, inconscio e perverso, esiste una relazione tra l'indignazione del musulmano comune nei confronti di quelle vignette, la reazione di protesta dei più facinorosi movimentisti contro la loro pubblicazione e la risposta dei terroristi che decidono di andare alla fonte del problema eliminando fisicamente la redazione di *Charlie Hebdo*. Si potrebbe parlare di un processo di condensazione che ha trasformato una reazione umorale diffusa in una sorta di spettro che, nel passaggio da al-Qaeda all'ISIS, ha cristallizzato quell'intero complesso di emozioni in un'entità fisica con uno scopo apparentemente esplicito: la nemesi nei confronti della supponenza del modello occidentale, oppure la semplice vendetta contro la Francia, oppure la reazione iraconda e irrazionale nei confronti del processo di globalizzazione degli stili di vita, dei consumi ecc.

Per questo motivo è possibile considerare in modo diverso il rapporto tra organizzazioni terroristiche islamiche e opinione pubblica moderata, o forse sarebbe meglio dire mondo islamico moderato, dato che anche il concetto di opinione pubblica è esattamente di matrice moderna e illuminista (Habermas 1971) e quindi non del tutto applicabile a un mondo che rivendica una diversità più o meno negoziabile. Questa relazione tra terrorismo e mondo islamico moderato è pertanto equiparabile a quella tra avanguardia e cultura di massa. Solo che in questo caso, come si vedrà meglio in seguito, l'avanguardia non anticipa un sentire che solo successivamente sarà condiviso e consolidato all'interno di un pubblico di massa, semmai è vero il contrario. Ovvero, il terrorismo come avanguardia non fa che consolidare e dare forma plastica a emozioni, paure, tabù ecc. condivisi dalle «masse», e dunque in quanto avanguardia ha la funzione paradossale del riportare indietro, verso uno sfondo culturale e valoriale che si considera come autentico, come fondamento e come principio vitale.

Quello che è accaduto a Parigi nel triste gennaio del 2015 rappresenta il punto di non ritorno di un nuovo terrorismo che non solo approda in Europa, come già al-Qaeda aveva fatto a Londra e a Madrid, ma che lo fa con uno scopo primariamente simbolico: mettere in discussione non solo il possesso del territorio da parte degli abitanti dello Stato ma anche e soprattutto di quei luoghi che hanno un'immediata ricaduta sull'immaginario collettivo, che accendono delle spie d'allarme, che suscitano risposte potenti ma anche paure sconfinate e ataviche. La libertà d'espressione è uno di questi. Insieme ad altri valori centrali nella vulgata occidentale, costituisce il nucleo assiologico su cui si edifica il sistema Francia-Europa-Occidente. Ad amplificare il valore simbolico dell'operazione hanno contribuito altri collegamenti, sempre a partire dalla toponomastica. Per esempio, la prossimità del tragico evento a Rue Voltaire. Il filosofo che meglio rappresenta l'innovazione valoriale introdotta dall'Illuminismo, contro le catene della tradizione, ma anche quello che nel suo *Candido* ha saputo prefigurare alcuni aspetti paradossali della globalizzazione. Certo, con questo non si vuole sostenere che l'attacco sia stato pianificato da attenti conoscitori della filosofia dei Lumi, ma senz'altro ciò basta per capire come ogni attacco sia confezionato come un prodotto o un testo polisemico. Esso è modulare come lo stesso brand da cui scaturisce (in questo caso l'ISIS) e a ogni fetta di pubblico veicola un preciso messaggio con una certa sfumatura di significato. L'uomo medio occidentale interpreta il gesto come un'esplosione irrazionale o perlomeno ingiustificata di violenza che lo irretisce rendendogli impossibile la comprensione di ciò che accade, se non attingendo al modesto intorno di opinioni messe a disposizione dal sistema dei media. Per il fine intellettuale un po' radical chic invece – come pure per l'analista, il giornalista, lo scrittore ecc. – l'attentato pullula di riferimenti simbolici che non solo può comprendere ma addirittura condividere nella capacità che quel gesto ha di mettere allo scoperto alcune questioni nevralgiche che riguardano lo sviluppo della modernità occidentale. Per questo un grande intellettuale come Baudrillard (2002) ebbe a dire a proposito dell'11 settembre che in fondo un «po' tutti lo abbiamo sognato», non tanto nel senso che lo abbiamo desiderato ma per dire che quella possibilità annidatasi in vario modo nell'immaginario globale, tra l'altro alimentato proprio dall'industria culturale (si pensi tra tutti al finale di *Fight Club* in cui le torri crollano al suono di *Where is my Mind* dei Pixies), era già lì pronta per essere realizzata, attuata nella vita reale.

Tornando al rapporto tra i pubblici e la polisemia dell'evento, essa riguarda non solo le vittime ma anche coloro che nell'analisi riduzionistica del fenomeno sono posti dall'altra parte, come per dire noi contro loro. In questo schema semplificato, che come si vedrà più avanti è non solo la premessa logica ma anche l'obiettivo stesso della contrapposizione, i due mondi contrapposti tifano per le due opposte fazioni. Ciò è sbagliato in termini assoluti, per così dire statistici e rappresentativi, ma è presente e ben avvertito nel quotidiano. Come nel caso dell'insegnante di italiano dell'Istituto Italiano di Cultura di New Delhi che mi diceva essere scioccata per il fatto che alcuni studenti entravano in classe con le foto degli aerei contro le torri gemelle. Dunque una contrapposizione frontale che seppur non esistendo sui grandi numeri è comunque presente nel quotidiano sotto forma di una retorica che riveste le piccole cose. Esattamente lì si annida la possibilità di una costruzione narrativa o, per essere più modaioli, di uno storytelling, che ha poi la capacità di essere trasformato in discorso dominante e capace di coinvolgere diverse tipologie di audience. Così, dal punto di vista di un pubblico colto, elevato, occidentalizzato, la questione del terrorismo può essere percepita come una minaccia capace di mettere in discussione anche lo status sociale di queste categorie di soggetti. Tuttavia va detto che la nuova immagine del terrorista, da al-Qaeda in poi, appartiene alla medesima classe sociale: ricco, colto, educato nelle scuole occidentali. Solo che a un certo punto ha vissuto un drastico ripensamento che lo ha condotto in direzione opposta: quella di una guerra senza quartiere nei confronti di ciò che è o semplicemente è stato dentro di lui.

La solidarietà sotterranea che al di là delle presunte guerre di religione ricongiunge le grandi fedi monoteistiche (a parte l'ebraismo per via della questione palestinese), si fonda sul tentativo di arrestare, rallentare o modificare il percorso della globalizzazione, o di alcuni sui difetti evidenti. Aspetto che accomuna queste visioni a quelle di un pensiero anti-globalista di destra e di sinistra. Le visioni laiciste e atee che hanno innescato lo sviluppo della modernità in generale, fino alla modernità radicale (Giddens 1994), sono dunque il loro nemico teorico e pratico. Il processo che dai valori laici illuministi conduce verso quelli individualistici e di consumo del nostro tempo, è esso stesso l'obiettivo polemico di tale tentativo di resistenza. Tutti consumano ma molti rinnegano tale attività e soprattutto le conquiste valoriali e politiche che consentono di espletare i diritti fondamentali dei cittadini e ancor di più dei consumatori.

Un bug nel sistema democratico

Il mito del villaggio globale, a cui McLuhan in realtà affidava un ruolo diverso da quello che noi oggi intendiamo, e la sua traduzione nella vulgata multiculturalista vengono letteralmente bombardati dall'energia che si sprigiona da questi attacchi, che mirano a elidere i legami che tengono insieme la società multietnica e ad acuire lo scontro tra le sue componenti. A ben vedere la genesi dell'ideale positivo di un villaggio planetario non ha attinenza diretta con la questione multiculturale, ma certamente, come ha rilevato Armand Mattelart (1997), «gli Stati Uniti sono la prima società globale della storia, e questa è il propagatore principale della rivoluzione tecnotronica» (p. 210).

Il villaggio globale di McLuhan, cui lo studioso canadese perviene dopo una prima fase di critica all'industrializzazione, è la celebrazione dell'era elettronica di una società in cui i media fungono da estensione del sistema nervoso centrale, ovvero ci avvicinano al nostro «vicino elettronico». La forza deterministica delle tecnologie elettroniche in un sol colpo ripristina la dimensione del villaggio e riavvicina le persone in una sorta di fusione delle loro intimità (Mattelart 1991, p. 208). L'*humus* culturale da cui nasce tale concetto è quello della rivoluzione tecnologica che «rendeva definitivamente obsoleta la vecchia ossessione per le rivoluzioni politiche» (p. 195), ovvero che sostituiva una «ideologia del progresso» con un'ideologia della comunicazione. Nell'epoca che va dalla fine degli anni Cinquanta alla fine degli anni Settanta, oltre all'invenzione di internet, si moltiplicano i filoni di ricerca nelle scienze dure e in quelle sociali che hanno come oggetto la comunicazione: dalla cibernetica alla teoria dei sistemi, fino alle riflessioni sul post-industriale, che inaugura gli anni Settanta, e quelle sul post-moderno, che chiude il decennio. Sebbene da tali teorie non sia possibile in alcun modo ricavare le premesse che hanno fondato la riflessione sulla società multiculturale, esse rappresentano lo sfondo teorico, o meglio l'ambiente cognitivo che ha reso possibile la trasformazione dell'idea stessa di villaggio globale che, soprattutto a partire dagli anni Novanta, viene assimilato alla metafora del melting pot.

L'associazione tra i due processi – la rivoluzione tecnologica e il melting pot – si rafforza negli anni Novanta grazie all'enfasi sulla cosiddetta «utopia della comunicazione» (Breton 1995), supportata dalla nuova rivoluzione tecnologica che passa per l'invenzione del World Wide Web. Gli anni Novanta del Novecento celebrano al contempo le magnifiche sorti e progressive dell'innovazione digitale e l'evoluzione stessa della globalizzazione che, dalla seconda metà del decennio in poi, inizia a essere chiamata glocalizzazione (Robertson 1992) per la sua capacità di rivalutare la sfera del locale e non più sottometterla alle esigenze universalistiche dell'economia e della tecnologia.

Non è forse un caso che nello stesso anno (1992) in cui Tim Barners-Lee inventa il Web, esca *Balla coi lupi* di Kevin Costner, un film che socializza verso il grande pubblico il dibattito relativo al ruolo dell'Occidente rispetto all'alterità culturale. L'anno è politicamente fatidico in quanto coincide con il cinquecentenario della scoperta d'America e pertanto dà visibilità a numerose iniziative di rivendicazione dell'identità degli indiani, ma con esse anche di tutte le etnie sacrificate all'inesorabile processo di globalizzazione del pianeta. Il film compie un'operazione rivoluzionaria in quanto affida una nuova immagine alla tribù dei Lacota, che fino ad allora erano rimasti – tranne qualche rara eccezione – intrappolati in uno stereotipo di matrice hollywoodiana e «maccartista». Oltre a varie sequenze di toccante umanità, il regista compie un vero gesto radicale restituendo all'indiano il proprio idioma. In tal modo dà concretezza narrativa a un presupposto fondamentale di tutta la nuova antropologia interpretativa (Geertz 1998) che fa del concetto di «riappropriazione» un elemento portante di quella svolta epistemica.

Le culture diverse dalla dominante si scoprono capaci non solo di una propria strategia di costruzione identitaria, ma anche della sua rappresentazione e problematizzazione attraverso il linguaggio e le nuove tecnologie della comunicazione (Marcus, Fisher 1998). Da questo assunto sino agli sviluppi dell'antropologia post-coloniale il passo è breve.

Una delle questioni dominanti il decennio è dunque quella del multiculturalismo – che insiste sulla polifonia delle culture – o quella dell'intercultura, che studia le modalità di interscambio comunicativo tra i vari gruppi etnici. Essa trapela, come anche le altre problematiche, dai circoli elitari degli intellettuali al grande pubblico attraverso una vasta serie di proposte culturali.

Nella produzione di videoclip, *Black or White*, di Michael Jackson, decreta nel 1991 il definitivo superamento delle estetiche elettroniche anni Ottanta, inaugurando l'avvento del digitale. Il clip racconta di un viaggio della celebre pop star attraverso scene tipiche che raffigurano le culture del pianeta in un montaggio che esalta la loro prossimità o meglio la loro contiguità. Ma la sintesi definitiva del concetto è collocata nel finale, quando la nuova tecnologia del morphing consente di fondere in un'unica sequenza la trasformazione dei corpi di decine di comparse di diverso sesso ed etnia, che ballando si trasformano l'una nell'altra. Il video musicale anticipa nell'immaginario la svolta post-etnica che la politica statunitense ha vissuto con l'elezione di Obama. Nonostante il fatto che proprio sotto l'amministrazione del primo presidente afroamericano degli Stati Uniti, la questione razziale sia nuovamente esplosa con una violenza inaudita.

Se la cooptazione di codici che contraddistinguevano le comunità etniche ha inizio a opera delle sottoculture spettacolari – anzi per Hebdige (1991) ne designa la nascita –, la sua diffusione su scala globale si afferma implicitamente nel corso degli anni Ottanta ma diventa sempre più esplicita nel decennio successivo. Si tratta dell'inversione di quel processo che aveva dato impulso all'affermazione dell'economia-mondo, che definiva la modernità come un prodotto esclusivo dell'Occidente. Il culto della novità, suo diretto derivato, serviva a sottomettere culturalmente quanti erano periferici rispetto ai centri di produzione del «nuovo». Questi dovevano adeguarsi alla modernità occidentale, intesa come apripista del progresso e dello sviluppo.

> La civiltà occidentale si è sviluppata nella modernità; le altre civiltà no. Inevitabilmente quindi, se qualcuno voleva essere "moderno", in qualche modo doveva essere culturalmente "occidentale": egli doveva adottare, se non la religione, almeno il linguaggio occidentale. Se non il linguaggio, doveva come minimo accettare la tecnologia occidentale, che si considerava basata sui principi universali della scienza (Wallerstein 1996, p. 108).

Al sacrificio centenario, imposto alle altre culture, subentra invece una sorta di recupero colpevolista, che ha trasformato il sistema dei consumi e della comunicazione contemporanei in colossali procacciatori e divoratori di «autenticità». Se la formula vincente della World Music dimostra un'abilità tutta occidentale nel ripensare gli stereotipi che definiscono le varie culture del pianeta, talvolta inventandoli, talvolta trapiantandoli coattamente, il crossover designa una nuova alleanza tra la tradizione del rock bianco e quella del funk-hip hop nero. Le band che si fanno ambasciatrici di tale genere o metagenere esibiscono un'immagine altrettanto ibrida. Immagine che è immediatamente amplificata da MTV, quando il nuovo trend emerge in modo palese.

Altri prodotti culturali decantavano altre caratteristiche del glorioso periodo, come per esempio il ritorno all'arcaico (Maffesoli 1988) squisitamente post-moderno rappresentato nel video della canzone dei Red Hot Chilly Peppers *Give it Away* (1992), diretto da Stéphane Sednaoui, che difatti vinse l'MTV Music Award per la categoria best video. Una microaggregazione tribale si esibisce in una danza spasmodica e provocatoria, che assume la forma di un rito neopagano e dionisiaco. L'abuso di painting modifica la percezione dei corpi che ballano compulsivamente sul ritmo del basso, mentre i gadget usati per abbigliarli richiamano un'antichità surreale e senza senso.

Gli anni Novanta però sono anche il periodo in cui il glocale, domato dalla narrazione neoliberista, inizia a sbraitare mostrando il suo lato oscuro. La tecnologia e il consumo non sono solo l'ambiente che fluidifica il confronto tra le culture ma anche lo sfondo su cui s'innestano nuovi conflitti: dall'assassinio di Rodney King negli Stati Uniti alle prime rivolte nelle banlieue parigine che trasformano la Ville Lumière in un recinto militarizzato. Anche questi eventi diventano prontamente fonte d'ispirazione di altri film che raccontano una storia diversa. *Strange Days* di Kathryn Bigelow, del 1994, fa saltare il legame positivo tra tecnologia e società multiculturale, raccontando una Los Angeles di fine millennio sull'orlo della guerra civile. Allo stesso modo, l'anno successivo, *L'Odio* di Mathieu Kassowitz funge da spia d'allarme della problematicità interculturale che ribolle dietro i paraventi rassicuranti della pubblicità e dei consumi, dell'ipocrisia radical chic e di una modernizzazione oltranzista e intransigente della città.

Con la svolta del nuovo millennio parecchi concetti e valori che cavalcavano l'utopia della comunicazione si sarebbero ribaltati nel loro opposto. Il tribalismo, la fusione culturale, la centralità del corpo e il ritorno all'arcaico sono stati in blocco riconfigurati all'interno dell'azione delle formazioni terroristiche che, al di là dell'11 settembre, hanno trasformato concetti da sogno in arredi di un incubo che continua a perpetrarsi intatto, con le dovute differenze, a distanza di quindici anni. Uno degli obiettivi principali di tali formazioni è colpire al cuore le società multietniche e far saltare letteralmente in aria l'aberrazione del villaggio globale. Forse paradossalmente dato che le grandi religioni monoteistiche, quella cristiana ma soprattutto la umma musulmana, sono il primo esempio di globalizzazione (Tomlinson 2001).

Le scienze sociali hanno partecipato attivamente alla costruzione del mito del multiculturalismo, che nella definizione di Taylor del 1993 rappresenta una sorta di estensione dell'universalismo illuminista che ambisce a formulare una sorta di sintesi mobile. La sua soluzione coincide con l'ideale gadameriano della «fusione di orizzonti» (p. 25), dal sapore lievemente utopico. Tale ideale è andato consumandosi inesorabilmente nel corso di due decenni e si è arenato a causa di un problema logico di fondo: la scissione tra i diritti universali e il valore altrettanto universale della singolarità culturale, che in alcuni casi passa per pratiche culturali estreme, talvolta incompatibili e spesso inaccettabili dal punto di vista della visione occidentale.

> La politica dell'uguale dignità si basa sull'idea che tutti gli esseri umani siano ugualmente degni di rispetto... Il valore che qui viene identificato è dunque una potenzialità umana universale. Una capacità comune a tutti gli umani...

> Anche per la politica delle differenze potremmo dire che alla sua base c'è una potenzialità universale, quella di formare e definire la propria identità, non solo come individuo ma anche come cultura; e questa potenzialità deve essere rispettata allo stesso modo in tutti... E così questi due modi di fare politica, basati entrambi sulla nozione di uguale rispetto, entrano in conflitto. Per un lato il principio dell'uguale rispetto impone di trattare gli esseri umani in modo cieco alle differenze. Per l'altro dobbiamo riconoscere la particolarità e addirittura coltivarla (Taylor 1993, pp. 62-63).

Questo bug del sistema democratico è messo in evidenza dalla concezione multiculturalista ed esplode concretamente nelle società multietniche. Molto vicina alla problematica del relativismo culturale, la questione dell'uguale rispetto legittimerebbe al contempo l'uniformazione di tutte le identità e la «coltivazione» della particolarità, ovvero di una differenza irriducibile allo standard.

Questo paradosso viene ripreso e fatto letteralmente saltare in aria dalla figura del terrorista suicida. Egli rappresenta l'epitome del particolarismo, ovvero di una diversità irriducibile, che sfrutta la schismogenesi per creare ondate di panico che mirano a far esplodere la convivenza nelle società complesse. Egli è la negazione e la nemesi del mito del villaggio globale.

Il libro di Barber, *Guerra Santa contro McMondo*, usa la metafora della jihad per riassumere l'insieme di forze tra loro disparate, disomogenee, e anche in contrasto reciproco, che si oppongono alla globalizzazione: dai nazionalismi ai nuovi tribalismi, dalle resistenze culturali a quelle religiose ecc. Tuttavia in un capitolo lo studioso americano si sofferma sulle caratteristiche della jihad autentica, quella portata avanti dall'integralismo islamico. Contro la tesi che vorrebbe le due entità in opposizione frontale, Barber considera la jihad freudianamente come una figlia della globalizzazione, che con essa intrattiene un rapporto conflittuale di collusione e di reazione. Tuttavia, quando l'analisi si focalizza sulla vera jihad, egli sottolinea che «l'Islam fondamentalista non si contrappone prima di ogni altra cosa alla democrazia, bensì alla modernizzazione e al modo particolare in cui essa si manifesta nell'occidentalizzazione» (p. 192).

Dunque il consumo e la comunicazione non sono solo i modi principali attraverso cui queste visioni deleterie possono attecchire nelle persone, circolare ed essere scambiate, ma sono anche l'oggetto stesso della contesa, l'obiettivo fondamentale da colpire perché colpendo entrambi si può elidere il legame che li rende parte integrante dei contesti antropologici nella società globalizzata. Liberando le culture locali, con il loro portato di valori e riferimenti alla tradizione, si può far crollare in un sol colpo l'edificio stesso del secolarismo, dell'Europa e della società multietnica.

> La rivolta contro la modernità è infatti ribellione al cosmopolitismo, alla sua cultura e ai suoi passatempi urbani. Non senza ragioni lo spirito anticosmopolita che mette in moto tutta la reazione fondamentalista è arrivato a non fidarsi dell'Illuminismo: perché la crescita economica porta nel mondo crescenti bisogni materiali e l'ossessione della gratificazione, mentre le arti e la scienza minano la spontaneità della fede naturale degli uomini e delle donne semplici. L'illuminismo alimenta il secolarismo e il secolarismo distrugge non solo la religione formale ma anche la morale su cui essa è basata e quindi il tessuto sociale che tiene insieme la comunità (Barber 2001, p. 194).

Forse non ha molto senso il tentativo d'appurare se il principale nemico sia oggi nello specifico la Francia in quanto paese colonialista e belligerante alleato degli Stati Uniti (Molinari 2015), o più generalmente patria delle libertà civili, espressione di un laicismo che osteggia le pratiche fondamentali dell'Islam – dal burka alla recente polemica sul burkini –, oppure se il vero nemico sia il contesto che porta avanti un ideale di convivenza interetnica e multiculturale. Anche in questo caso, come nel discorso sui valori tradizionali, destra e movimenti islamisti s'assomigliano. Entrambi difatti preferirebbero una società omogenea, etnicamente o culturalmente, contro invece la molteplicità e il disordine della condizione post-moderna e post-coloniale.

Il consumo come innesco della violenza: il doppio legame

Il consumo è centrale nell'analisi dell'epidemia mondiale di terrore tanto che, senza di esso, può essere difficile se non impossibile capire cosa sta succedendo. E questo per almeno due motivi:

1. la dinamica culturale ha eletto il consumo come principale interfaccia tra la vita quotidiana delle persone e i processi di globalizzazione, facendo in qualche modo decadere la dimensione del politico in favore del ludico;
2. il consumo, specialmente quello mediato dalle tecnologie digitali, ovvero tutto il consumo oggi disponibile, è in grado di toccare gli ambiti più reconditi dell'essere umano e di metterli a disposizione del circuito stesso.

Come già evidenziato da parecchi studi, specialmente nel corso degli anni Novanta, il consumo non è semplicemente il processo d'acquisizione/distruzione della merce, come avveniva nell'epoca in cui primeggiavano le merci «materiali». Riflettere sul potere cognitivo e/o simbolico del consumo ci consente di capire il modo in cui esso è divenuto una dimensione fondamentale dell'uomo nella globalizzazione, ed è al contempo capace di costruire un senso d'identità, di produrre un legame sociale, di mettere a disposizione e far circolare come moneta di scambio l'intimità più profonda delle persone.

È vero che la relazione tra il mondo musulmano e il consumo è decisamente complessa e polivalente. Da un lato i due mondi possono essere compatibili. A differenza della famosa condanna di Cristo nei confronti dei mercanti che occupavano il tempio, probabilmente non ci sono condanne dirette nel Corano nei confronti del consumo. Questo forse semplicemente perché né Cristo né il Profeta avrebbero potuto cogliere la potenza e la pervasività di tale processo, che oggi è davvero giunto al di là dell'immaginabile.

Sandikci e Ger per esempio confutano l'idea «sostenuta da molti accademici occidentali sul fatto che l'Islam sia il contrario del capitalismo e del consumismo», focalizzando il loro studio del 2009 proprio sull'assenza di tale contraddizione e prescindendo da alcuni casi estremi di ascetismo. Per gli studiosi, islam e cultura del consumo «si abbracciano vicendevolmente», cosicché l'Islam è solo «uno dei possibili discorsi che danno forma al consumo».

A conferma di tale tesi, che potremmo considerare più egalitaria nel senso che dispone sul medesimo piano la cultura islamica e quella del consumo, Bruno Ballardini, nel suo libro del 2015, ha sviluppato un punto di vista più «cospirativo», che muove dall'imposizione del marketing pensiero da parte delle multinazionali a culture altre. Da tale ingerenza degli attori dell'economia globale scaturirebbe pertanto, quasi come una crisi di rigetto, una reazione talmente virulenta da minacciare la stabilità dell'intero sistema. Questo è il «marketing dell'apocalisse» elaborato dalla nuova ondata di terrorismo islamico che, del resto, come la cultura araba in generale, «non è incapace di produrre modelli autonomi e alternativi all'Occidente, ma ripiega fatalmente sugli stessi modelli, dimostrando quanto la cultura di marketing delle multinazionali abbia inciso sulle culture locali» (p. 27).

> Il mondo arabo dispone di più di 350 milioni di consumatori. Nonostante gli stereotipi che dall'esterno dipingono queste terre in modo negativo, essi desiderano gli stessi generi di prodotti di qualità che desiderano i consumatori di qualsiasi altro posto del mondo. E quindi si respira aria di marketing da generazioni... La Procter & Gamble si è stabilita nella penisola araba dal 1956 costruendo il primo stabilimento di Gedda nel 1965... l'ingresso di multinazionali del largo consumo nei paesi arabi non è mai filato liscio del tutto. Ad esempio, Coca Cola in Medio Oriente ha dovuto confrontarsi con il boicottaggio della lega araba dal 1968 al 1991... la contrapposizione alle due popolari cole ha portato al lancio di due bevande arabe alternative... (Ballardini 2015, p. 27).

Il lancio della Zamzam Cola e della Mecca Cola segna dunque quel processo che molti studiosi di questo campo definiscono riappropriazione, in questo caso non solo simbolica – reinterpreto come mio qualcosa che proviene dall'esterno – ma anche fisica e produttiva dato che la gestione dei processi industriali e del marketing di tali prodotti era fondamentalmente in mano agli autoctoni. All'occupazione fisica dei mercati e cognitiva dei consumatori, l'integralismo risponde non solo utilizzando la violenza come una sorta di crisi di rigetto psicosomatica, ma lo fa anche riutilizzando le armi del nemico, ovvero il branding e il marketing, come fossero boomerang da scagliare contro il suo iniziale inventore.

L'Islam dunque non è antitetico al consumo e, difatti, molti paesi in cui tale religione è legge non solo accettano tale dimensione antropologica, ma la spingono verso i suoi livelli più eccessivi, ostentati e kitsch. C'è addirittura uno specifico filone di ricerca, denominato marketing islamico (Nestorovic 2010), che riflette appunto sulla compatibilità tra l'insegnamento del Profeta e le nuove proposte del mercato, prodotti e brand che appunto sono progettati per inserirsi armonicamente nella vita quotidiana del credente musulmano (dal cibo halal ai jeans con le ginocchia più larghe per agevolare i credenti durante la preghiera). Basta visitare una delle grandi mecche del consumo orientale come lo shopping center Emirates di Dubai (o più semplicemente la Rinascente di Milano) per capire come il consumo, soprattutto quello dei brand più esclusivi, non sia assolutamente rifiutato dai musulmani delle classi più agiate, anzi nei suoi confronti essi esprimono un abbandono quasi totalizzante. Dico quasi perché a ben vedere le merci preziose che vengono acquistate esprimono un'abilità tattica di riconfigurare l'uso per cui quei prodotti erano stati pensati all'interno di uno stile di vita per così dire limitato dai precetti religiosi. Per questo vanno tantissimo gli accessori, le scarpe e le borse, ma anche la lingerie che esprime una concezione per così dire romanica della bellezza: come le chiese romaniche semplici e monotone all'esterno mentre al di sotto del «velo» si nasconde una bellezza imprevedibile. Houellebecq ha addirittura esteso tale discorso da banale pratica di consumo a processo di costruzione dell'immagine femminile all'interno di due diversi modelli di società.

> Bricorama era inoppugnabile, ma i giorni di Jennyfer (catena francese femminile per i giovani adolescenti) erano sicuramente contati, lì non proponevano

> niente che si potesse considerare appropriato per un'adolescente islamica. Il negozio Secret stories, invece, che vendeva biancheria di marca a prezzi scontati, non aveva di che preoccuparsi: il successo di negozi analoghi nei centri commerciali di Riyad e di Abu Dhabi non era mai venuto meno, né Chantal Thomass né La Perla avevano alcunché da temere dall'instaurazione di un regime islamico. Vestite durante il giorno con impenetrabili burqa neri, di sera le ricche saudite si trasformavano in uccelli del paradiso, si agghindavano con guepiere, reggiseni trasparenti, perizomi ornati di pizzi policromi e gemme; esattamente al contrario delle donne occidentali, che, raffinate e sexy durante il giorno perché era in gioco il loro status sociale, tornando a casa la sera si afflosciavano, abdicavano stremate a qualsiasi prospettiva di seduzione indossando tenute comode e informi (Houellebecq 2015, pp. 80-81).

La ricostruzione del narratore francese tocca una questione particolarmente nevralgica che svela, tra le altre cose, il modo in cui il consumo, o meglio l'interazione tra consumi e sistemi culturali, è in grado di ridisegnare le identità e i ruoli sociali. In questo caso assecondando lo sguardo maschile come molti prodotti e molta pubblicità degli albori della civiltà dei consumi hanno saputo fare in Occidente.

La polemica sul burkini, che ha incendiato l'estate del 2016, conferma la lungimiranza dello scrittore francese e ci consente di approfondire la relazione tra pratiche culturali non occidentali, processi di consumo e copertura dei media. L'impressionante numero di servizi televisivi, di articoli stampa e di condivisioni sui social dimostra la centralità di una questione che a molti invece appare del tutto effimera. Ovviamente il fenomeno esisteva ed era stato affrontato già in precedenza, ma solo in questo preciso momento ha assunto la forza impositiva di un vero e proprio demone popolare. Come nei processi di propagazione del panico morale (Cohen 2002), esso nasce dal basso per via dell'iniziativa di alcuni sindaci francesi, coinvolge immediatamente l'interesse dei media impattando sul clima d'opinione, per poi investire la politica «alta», che ha dovuto pronunciarsi con la dichiarazione contrariata del primo ministro francese Vals, secondo cui «dietro c'è l'idea che per natura le donne sarebbero impudiche e impure» (Gallori 17/8/2016).

Una spirale d'amplificazione che ha ingigantito il fenomeno facendolo apparire come una sorta di perno intorno al quale ruota l'intero conflitto di civiltà. Certo, si tratta di un problema pratico ma anche e soprattutto simbolico. Nella Francia post-attentato di Nizza, l'uso del costume femminile per donne musulmane rappresenta uno spettro che si aggira per le spiagge e che ricorda a tutti la questione chiave da cui sono nati i vari attentati. Giornalisti e analisti si sono cimentati con la questione più che spinosa, proprio perché essa riguarda il significato della libertà intesa dagli illuministi, talmente estesa da poter accogliere pratiche che negano il concetto stesso di libertà. Su questo baco del sistema democratico fanno leva tanto gli integralisti islamici quanto le formazioni politiche identitarie, da un lato per evidenziare quanto sia illusorio il valore della libertà in Occidente, dall'altro per incitare la repressione tramite l'inasprimento delle pene.

Due articoli usciti entrambi il 19 agosto 2016 su *la Repubblica*, hanno affrontato la questione da due prospettive diverse ma prossime. Nel primo Renzo Guolo prova a decostruire il punto di vista del sindaco di Cannes che ritiene il burkini «l'uniforme dell'estremismo islamico» attraverso l'argomento di una sorta di «erosione» dall'interno della cultura islamica che forzerebbe le maglie rigide di contenimento della libertà femminile, consentendo alle donne quei divertimenti – nuotare in piscina o passare una giornata la mare – che una visione più radicale vorrebbe vietare completamente. Dunque un mezzo di liberazione lenta e dal basso che potrebbe condurre a una maturazione individuale e «post-ideologica» della donna rispetto alle imposizioni della comunità. Da questo punto di vista il burkini è un mezzo di libertà che consente alle donne che non vogliono essere «consumate» dallo sguardo maschile di frequentare luoghi – in cui altrimenti non potrebbero andare – attraverso questo schermo. Una visione certamente ottimista, che assegna all'oggetto il valore tattico di assolvere a una doppia finalità: legittimare la presenza della donna in spiaggia e incentivare la consapevolezza individuale.

Il fatto che «solo quattro decenni fa il velo» fosse «caduto in disuso nel mondo islamico» introduce perfettamente il discorso sviluppato nell'altro articolo, di Michela Marzano. Esso coinvolge anche la questione collaterale se sia possibile parlare di moda islamica. Il fatto che la sparizione e la ricomparsa del velo siano difatti determinate da un sistema di forze esterne, di carattere culturale e geopolitico, dimostra la sostanziale impossibilità di concepire una moda islamica. Per parlare di moda occorre difatti che ci sia in primo luogo una libertà individuale di tipo occidentale (Lipovetsky 1989), in secondo luogo un sistema produttivo e simbolico autonomo ed emancipato, capace di imporsi sulle pratiche sociali e di modificarle in base a un proprio progetto. Così, se il bikini compare sulle spiagge della Costa Azzurra già sul finire degli anni Quaranta, solo con la sua istituzionalizzazione da parte del sistema moda e della società dello spettacolo (grazie a Brigitte Bardot), esso diventa l'icona potente di un determinato mutamento culturale. L'articolo di Michela Marzano sollecita il lettore a riflettere sul significato della libertà femminile e su come questa sia mediata dal consumo contemporaneo – è meglio essere sottomesse alla moda o alla comunità tramite la religione?

Rispetto alle analisi dei due studiosi, che tentano di mitigare la portata del fenomeno, la semplificazione operata dai media tramite la creazione di un nuovo demone popolare non fa che sollecitare la paura, intensificando il processo di schismogenesi. Se prima tale indumento risultava tutto sommato innocuo e capace di passare sotto traccia, le iniziative dei sindaci e le dichiarazioni di Vals lo pongono al centro di una contesa ideologica che riguarda la sopravvivenza stessa della democrazia occidentale. Anche perché il non detto nelle varie dichiarazioni resta sempre la questione demografica, capace di moltiplicare i burkini nelle spiagge e i pro-burkini nelle aule parlamentari. In tal senso, oltre al suo valore positivo tattico-situazionista, il burkini rappresenta una minaccia anche se indiretta ai valori di libertà e di liberazione del corpo tipici dell'Occidente. Pertanto può essere considerato il gemello speculare del bikini – chiamato in quel modo in onore di un «atollo su cui era stato fatto esplodere un ordigno nucleare» (Marzano, sempre su *la Repubblica*) – o meglio il suo *Doppelgänger*: se il primo inaugurava una stagione di leggerezza e d'abbandono ai piaceri del *loisir* sempre più globalizzati, il secondo accompagna iconicamente un'epoca in cui il sospetto e la paura riverberano sulle coscienze e inibiscono l'euforia che un tempo si sprigionava gioiosa intorno alle estetiche del consumo.

Vari studiosi, tra cui Benjamin Barber in *Guerra Santa contro McMondo*, hanno colto il paradosso di un Occidente che viene percepito principalmente come macchina universale dell'info-intrattenimento (McMondo), mentre la jihad rappresenterebbe la sintesi (e l'epitome) di tutte le forme di resistenza all'avanzata della globalizzazione. Contro il punto di vista oppositivo, c'è una letteratura che insiste sui punti di contatto e sulle numerose compatibilità tra la concezione islamica della vita e i processi del consumo contemporaneo.

Tra chi vede una sostanziale incompatibilità tra islam e consumo e chi invece trova le due culture compatibili, Bifo individua una terza opzione che ci consente di cogliere la relazione ambivalente tra le due: «l'islamismo fondamentalista è perfettamente modernizzabile e modernizzato, da punto di vista funzionale, eppure è irriducibile alla modernità in un senso più profondo, culturalmente costitutivo» (Berardi 2002, p. 67).

Il consumo stesso, quando eccessivamente connotato da un punto di vista politico e di stile di vita – troppo imperialista e/o troppo invadente nei confronti dei modi vita di coloro che lo accolgono – produce una conflittualità tragica, ovvero irrisolvibile. Le sociologie dei media e della cultura hanno riflettuto a lungo sulla fine del cosiddetto imperialismo culturale (Thompson 1998) e sul modo in cui i messaggi e i modelli di consumo impacchettati in Occidente potevano essere reinterpretati dalle culture «altre» per produrre nuove letture e nuovi modi di interpretare quegli stili di vita. Un'interpretazione più ristretta dei precetti religiosi conduce ovviamente verso una critica serrata, frontale, ineccepibile, allo stile di vita occidentale che passa attraverso il consumo. Specialmente da quando gli stili di vita proposti dalla tv e dalle marche occidentali sono considerati una sorta di agente di contaminazione culturale, capace di snaturare le culture che a tali consumi si concedono e di elidere i legami con la tradizione. Si badi bene, tale processo è avvenuto allo stesso modo in paesi altamente compatibili da un punto di vista di valori e di stili di vita, come per esempio la reazione ai prodotti americani dell'Inghilterra post seconda guerra mondiale, in cui sia rinomati scrittori che giornalisti e personaggi pubblici sanzionavano pubblicamente l'arrivo delle nuove merci ispirate a un design aerodinamico (elettrodomestici, jukebox, ma anche rock 'n roll) considerandoli un decadimento della cultura «autentica» inglese (Hebdige 1991).

Certo, se per consumo s'intende semplicemente il circuito di produzione/distruzione della merce mediata dall'industria, hanno ragione i vari autori citati sul fatto che non vi sia alcuna contraddizione sostanziale. Se invece con il termine «consumo» si indicano servizi immateriali e ad alto contenuto simbolico – quelli della rivoluzione post-industriale – ancora siamo nell'alveo del consentito ma s'inizia a percepire qualche nota stridente. Se per consumo infine intendiamo una struttura cognitiva e valoriale capace di penetrare nel profondo delle soggettività (Barile 2009), di modificarne la condizione in base al progetto delle marche globali e di mettere a disposizione del pubblico l'intimità stessa dei soggetti, come accade per esempio tramite il fatidico dispositivo della confessione di Michel Foucault (1976), allora qualche problema inizia a porsi.

Come avviene in altre forme di resistenza culturale, anche la cultura islamica reagisce e resiste a una concezione di consumo che nel frattempo si è parecchio avvicinata alla religione, provando addirittura a surrogarne alcune funzioni tipiche, come ha ben spiegato David Lyon in *Gesù a Disneyland*. Inoltre, gli studiosi del consumo sanno bene che da un certo momento in poi – potremmo dire dagli anni Cinquanta e Sessanta del Novecento – il consumo si è caricato di un insieme di significati, valori ed estetiche che prima non contemplava affatto. Per esempio, la trasgressione, il giovanilismo, la liberazione sessuale ecc. (Lipovetsky 1989). Questi valori o non valori, a seconda dei punti di vista, sono diventati la materia stessa su cui ha lavorato un'estetica del consumo che nel corso dei decenni è diventata sempre più feticista (Steele 2005).

Il consumo viene pertanto colpito come target esattamente per lo stesso motivo: per spezzare le catene cognitive ed esistenziali che legano le persone a questa prassi, per disindividualizzare i soggetti nella speranza che essi si affidino del tutto alla vita comunitaria, per cancellare la tentazione che si annida dietro il feticismo delle merci – laddove in questo caso per feticismo non va considerata tanto la prospettiva marxiana di svelamento delle relazioni di potere occultato dietro la merce stessa, bensì il feticismo in senso letterale inteso come un investimento simbolico che tende a sessualizzare il prodotto o il ruolo sociale riferito a un determinato prodotto. Si vedrà come il consumo contemporaneo, grazie alla moda, alla pubblicità e al branding, sia diventato sempre più sexy, se non addirittura pornografico, in cui l'insegnamento di Freud e la rivoluzione sessuale di Marcuse vengono reificati nelle immagini pop e nei prodotti del mercato di massa (Rutherfod 2007).

Erotismo, feticismo e pornografia sono le estetiche principali che irrorano il sistema contemporaneo dei media e dei consumi. Seppur nelle loro differenze sostanziali – l'erotismo è la verità del sesso che si nasconde, che gioca con il suo velo; il feticismo è la sostituzione della totalità dell'oggetto della pulsione con una parte o con un suo surrogato; la pornografia è invece totale svelamento «analitico», operativizzato, performativo ecc. – la cultura islamica percepisce tutte e tre queste dimensioni come una minaccia e un'insostenibile tentazione. La pornografia inoltre non è solo una delle tre diverse declinazioni della sessualità nell'epoca moderna ma anche il limite estremo che circonda l'intero spazio di produzione dell'industria culturale. Cosicché ad essa ammiccano molte pratiche, estetiche e narrazioni della cultura popolare, senza mai poterla esprimere completamente, se non nei luoghi ad essa designati. Il *white trash* per esempio incarna questo lifestyle volgare, sciovinista e pornografico dei ceti bianchi e popolari, ma non è poi così distante dalle incitazioni di alcuni soggetti che provengono dall'altro lato. Anzi, rispetto ai giovani e alle giovani che si catapultano dai paesi musulmani nel più estremo Occidente, l'effetto di questa sessualizzazione intransigente della vita quotidiana attraverso consumi e media (del resto contrastata anche dal cattolicesimo e dal Papa) è quello di una sostanziale bulimia.

È proprio questa matrice pornografica del consumo a essere usata come pretesto dagli integralisti per condannare il decadimento della cultura occidentale. La loro è una reazione spasmodica contro qualcosa che noi probabilmente non riusciamo più a decodificare perché il nostro sguardo è in qualche modo assuefatto a determinati visualscape pubblicitari, mentre loro ancora colgono la stridente contraddizione tra un sistema di valori proveniente dalla tradizione e un lifestyle moderno e globalista che pretende di essere seguito in qualsiasi parte del pianeta. Quando diciamo noi e loro stiamo certamente commettendo un errore metodologico e linguistico, dal punto di vista degli studi sull'epoca postcoloniale che hanno riflettuto sul ruolo egemonico del linguaggio; anzi, questo forse è ciò che i terroristi cercano di enfatizzare con le loro azioni. C'è sicuramente una notevolissima varietà sia all'interno del presunto Occidente che dentro una rappresentazione monolitica dell'Islam. Moltissimi praticanti e quasi praticanti musulmani usano la religione come mero riferimento culturale e valoriale per le loro condotte di vita, ma poi nella concretezza del quotidiano seguono completamente il lifestyle occidentale. Anzi, in parecchi casi – come quello del cosiddetto Londonistan, il conflitto tra la repressione sessuale della cultura di provenienza e la liberazione sessuale dello stile di vita british (anch'esso dal mio punto di vista diversamente repressivo) – producono effetti incontrollati sulla psiche e sulla condotta esistenziale delle persone coinvolte, verso il limite massimo di un bipolarismo morale e, come si vedrà, di una schizofrenia etno-culturale. Sulla medesima questione intervenne Bifo con un suo contributo all'accesissimo dibattito che si è scatenato nella fase post 11 settembre.

> La cultura integralista islamica consuma e assimila acriticamente tutto ciò che il capitalismo ha prodotto negli ultimi cinque secoli, senza però accettare l'idea che in tutto questo Dio non ha alcun ruolo. Vi è una psicosi propriamente schizofrenica ma al tempo stesso iperossessiva, nel comportamento integralista... (Berardi 2002, p. 66).

Tanto più forte era la repressione sessuale in precedenza, tanto più disperato è l'abbandono a ciò che prima era proibito. Qualcosa di simile si verifica, come si vedrà, anche per i figli degli immigrati di seconda generazione, per cui, da un lato, le sirene della pubblicità e dello spettacolo promettono un'integrazione che spesso si limita alla sfera del consumo, senza investire quella della cittadinanza e, dall'altro, l'appartenenza alla comunità immaginata tenta di ristrutturare un legame sociale ed etico con i fantasmi della tradizione. In un'intervista di Filippo Ortona su *l'Espresso* del 2 agosto 2016, un giornalista francese di origine araba che si è infiltrato in un gruppo di giovani francesi, aspiranti o sedicenti tali alla posizione di *foreign fighter*, racconta come sia rimasto colpito dalla loro dedizione alle pulsioni più banali: dalle firme più popolari specialmente nella scena hip hop, come Nike o Gucci, a un uso smodato degli smartphone, a una passione sfrenata per la pornografia.

Ancor più inquietante a supporto di tale convergenza tra consumi, stili di vita occidentali e pornografia è la descrizione tanto asettica quanto agghiacciante che Bruno Ballardini ci offre delle strategie di lancio dei filmati sulle sevizie e uccisioni da parte dell'ISIS, che vuole mescolare tali mostruosità con altri prodotti «snuff» in una specie di pastura fatta di video violenti, *snuff movies* e video delle uccisioni singolari o di gruppo, che si ritrovano in un unico canale chiamato Orgish.tv, fatto di prodotti borderline che oltrepassano il senso del pudore e della compassione. Un mix micidiale anche perché nel suo assemblaggio senza alcuna continuità di senso, se non la violenza gratuita e il tentativo di produrre eccitazione rispetto alla narcosi dettata dall'overload informativo, le categorie di vero e falso, di reale e irreale, di possibile e impensabile, si sfumano tragicamente. Per questo l'autore sostiene che «il vero orrore non è lo spettacolo ma chi lo guarda... siamo noi... questo pubblico morboso, che in Occidente è costituito da un'enorme quantità di giovani ma anche da adulti insospettabili, a rappresentare meglio di qualunque altra cosa il declino della nostra civiltà» (Ballardini 2015, pp. 69-70). La produzione di video mostruosi, dalla violenza pornografica, è una risposta oscena all'oscenità percepita dell'estetica del consumo occidentale, dunque a suo modo una sfida, ma è anche il tentativo di far passare sotto traccia, quasi subliminalmente, un messaggio di reazione alla narcosi e di fidelizzazione a una causa che si presenta come la nemesi stessa della visione e dello stile di vita occidentale. Da questo punto di vista può essere accettata l'analogia che l'autore propone tra terrorismo e guerrilla marketing, nel senso che entrambi, a differenza della guerra tradizionale e del marketing strategico, operano su di un piano tattico e disarticolato. Da eros e civiltà a tanatos e inciviltà, si potrebbe dire, il passo è breve.

La sindrome di Stoccolma del consumo

Nonostante numerosi articoli sulla stampa abbiano sfiorato il tema del consumo come uno degli elementi chiave per comprendere la reazione iraconda e sterminatrice degli jihadisti, in questo capitolo proverò ad applicare al mondo del terrorismo alcuni modelli che ho sviluppato nella mia riflessione pregressa. Sarà dunque sviluppata una doppia ipotesi che mette in relazione il fenomeno del terrorismo islamico con il processo di globalizzazione del consumo. Doppia ipotesi perché il consumo è il fattore chiave che consente di spiegare la reazione stragista del terrore, ma anche di capire il motivo per cui i luoghi del consumo siano diventati il target privilegiato della maggior parte degli attentatori. Proprio perché i processi di consumo minano alcune pretese identitarie degli integralisti, lavorano subliminalmente per allentare le identità e il legame con la tradizione, traducono ogni prassi complessa in una transazione semplice, ogni desiderio in qualcosa che può essere immediatamente soddisfatto, soprattutto in quest'epoca della messa a disposizione totale (*availability*) di qualsiasi oggetto che richiede il nostro desiderio.

Per cogliere la fondamentale natura controversa del consumo occorre entrare nel cuore stesso di quello che un tempo era chiamato imperialismo culturale americano, che a partire dalla seconda metà degli anni Novanta ha raccontato la relazione sempre più problematica tra lo spettatore e la società delle spettacolo o detto in altro modo tra il consumatore e il sistema globale delle marche. Già nel film, del 1995, di Terry Gilliam, *L'esercito delle 12 scimmie*, la scena in cui s'incontrano in manicomio Bruce Willis e Brad Pitt, ci propone due apparenti disadattati che discutono sul rapporto tra pubblicità e follia. Come sostiene lucidamente Brad Pitt: «[...] vedi la televisione, è tutta lì la questione. Guarda ascolta inginocchiati, prega, la pubblicità. Non produciamo più niente, non serviamo più a niente. Tutto è automatizzato. Che ...zzo ci stiamo a fare. Siamo dei consumatori. Compri un sacco di cose da bravo cittadino, se non le compri che cosa sei? Un malato». Si percepisce l'eco deleuziana della schizofrenia come fuga dal sistema del controllo paranoide e come evento creativo capace di rinnovarne le logiche. La proiezione verso la catastrofe, vero leitmotiv del film rappresenta una soluzione diretta alla situazione di estrema intensità emotiva nella quale si trovano i consumatori nella nostra epoca.

Il meccanismo banale di liberazione da questa dipendenza mira a eliminare uno dei termini della relazione. L'eliminazione del genere umano è anche eliminazione del sistema dei consumi nonché unica garanzia della salvezza dell'ecosistema. Questa soluzione terminale è chiaramente frutto di una consapevolezza latente: il consumo è inestinguibile dall'orizzonte della vita quotidiana. Altri film, come *Fight Club* di David Fincher del 1999, hanno raccontato la sensibilità schizofrenica che si produce come nuova forma culturale intorno alle pratiche contemporanee del consumo, ovvero dal momento in cui il consumo è diventato prevalentemente un ambiente cognitivo e ospita il consumatore in un mondo artificiale che ambisce a essere più reale della realtà stessa.

Il lavoro svolto da Bateson sulla schizofrenia a partire dagli anni Cinquanta ci offre un modello che possiamo estendere allo studio dei processi culturali e di consumo. La funzione dell'ego è definita e la produzione di metafore è la chiave di risoluzione del conflitto prodotto da queste interferenze comunicative, ma le metafore dello schizofrenico sono differenti da quelle comunemente utilizzate nel linguaggio, sono «metafore senza contrassegno». L'incapacità di classificare il genere e la natura di un messaggio mina al contempo il senso della realtà e l'identità del soggetto sottoposto a tale relazione linguistica e di potere, ovvero «[...] il processo di discriminazione tra modi comunicativi all'interno dell'io, ovvero tra l'io e gli altri» (Bateson 1977, p. 248). La trasgressione sistematica del principio della logica di Russel, nelle situazioni basilari della vita quotidiana, produce un indebolimento della funzione dell'Io che si manifesta su tre livelli:

> 1. quando si... ha difficoltà ad assegnare il corretto modo comunicativo ai messaggi che riceve dagli altri; 2. quando si... ha difficoltà ad assegnare il corretto modo comunicativo ai messaggi, verbali e non verbali, che egli stesso esprime o emette; 3. quando si... ha difficoltà nell'assegnare il corretto modo comunicativo ai suoi stessi pensieri, sensazioni e percezioni» (Bateson 1977, p. 248).

Il modello comunicativo del doppio vincolo, che si instaura tra una fonte (una o più persone) che invia i messaggi e un destinatario nel ruolo della vittima, produce identità problematiche che hanno difficoltà a riconoscere i confini stessi del proprio Io. Paul Watzlawick, Janet Beavin, Don Jackson nel 1967 hanno commentato ed esteso le analisi del doppio legame di Bateson, partendo dalla medesima centralità della comunicazione paradossale nella vita quotidiana. In tale esperienza gioca un ruolo fondamentale la ripetizione, ovvero il fatto che la persona che subisce il doppio legame, lo viva come un oggetto d'attesa abituale. La caratteristica di tale dispositivo è inoltre quella di autoriprodursi come fosse un «circolo vizioso».

> Non c'è alcun dubbio sul fatto che il mondo in cui viviamo è ben lontano dall'essere un mondo logico e non c'è dubbio che tutti siamo esposti a doppi legami, eppure la maggior parte di noi riesce a conservare la propria salute mentale... Una situazione diversa succede invece quando si è esposti a un doppio legame per lungo tempo e a poco a poco ci si abitua a tale situazione e la si aspetta. Questo, naturalmente, vale soprattutto per l'infanzia, quando tutti i bambini hanno la tendenza a concludere che quello che accade a loro, accade il tutto il mondo – è, per così dire, la legge dell'universo... Una volta che il modello è scattato praticamente non ha alcun senso chiedersi quando, come e perché è stato istituito... i sistemi patologici sono circoli viziosi curiosamente autoperpetuantisi (Watzlawick, Beavin, Jackson 1967, p. 210).

Il modello del doppio legame non riguarda semplicemente la struttura logica del pensiero ma ha una sua valenza soprattutto esistenziale. Per tale motivo può essere applicato a una vasta e varia serie di situazioni sociali e addirittura coinvolgere il comportamento di altri esseri viventi non dotati di raziocinio. Dalla religione, passando per le istituzioni totalitarie, fino al consumo il passo è breve. In tutte queste dimensioni umane è presente una forma di comunicazione che si basa su ingiunzioni tra loro irriducibili, cui non si può obbedire ma neanche disobbedire. Se «l'ingiunzione contraddittoria offre almeno la possibilità di compiere una scelta logica» in quella «paradossale» fallisce ogni tentativo di scelta cosicché «nulla è possibile, e viene messa in moto una serie oscillante e autoperpetuantisi» affermano i tre studiosi (p. 214).

Nel consumo ciò avviene chiaramente nella relazione sempre più cognitiva che il consumatore vive con le marche. Esse da un lato promettono vagamente a tutti dei mondi di felicità in cui potenzialmente è possibile ospitare qualsiasi individuo, dall'altro selezionano drasticamente i propri target attraverso barriere di accesso che non sono solo economiche, dai luxury brand alle marche low cost, ma anche culturali. Se sono fortemente legato a una visione ecologista dovrei rifiutare un'enorme quantità di beni presenti sul mercato ma non posso perché altrimenti la mia vita risulterebbe drasticamente modificata. Per questo ricorro a strategie simboliche rinunciando ai consumi più eclatanti ma, per il resto, continuo a inquinare. Allo stesso modo, se faccio parte di una comunità tradizionale, oppure di un gruppo religioso con precetti molto rigidi. Il soggetto in una situazione di doppio vincolo è «oscillante» tra scelte contrapposte che non potrà mai conciliare. Spesso il tentativo di uscire dal doppio vincolo richiede un certo investimento simbolico, che, in altri casi, quando si assiste a una deriva patologica, può sconfinare sul piano fisico come una drammatica esplosione di violenza.

La Figura 1 riporta tre tipologie di consumatori, insieme al livello di congruenza valoriale nei confronti del sistema del brand. I consumatori che dispongono di un sistema di riferimenti valoriali totalmente inscrivibile nel perimetro dell'identità della marca sono definibili come integrati. Essi non problematizzano in alcun modo la propria dipendenza dall'ambiente del consumo, in cui si trovano del tutto a loro agio. La seconda tipologia è senza dubbio la più interessante perché riguarda quanti nutrono nei confronti delle marche e del consumo una relazione ambivalente. Essi sono soddisfatti dei benefici materiali e immateriali che tale relazione comporta, ma avvertono al contempo una non totale adesione ai valori trasmessi dalle marche. Pertanto oscillano, alla ricerca di una stabilizzazione identitaria, forse di una sintesi, tra le proprie esigenze etiche (maggiore autenticità, maggiore giustizia, maggiore equità ecc.) e ciò che il sistema dei consumi offre tramite prodotti e marche ad essi associati. È decisamente la categoria più delicata perché totalmente nel mezzo di una relazione di doppio vincolo e anche consapevole di esserlo. Da essa possono dipanarsi traiettorie esistenziali che conducono verso la radicalizzazione. La categoria degli antagonisti è speculare a quella degli integrati. Qui si tenta di ridurre al minimo la dipendenza cognitiva dal sistema delle marche e fisica dal consumo – attraverso per esempio pratiche di boicottaggio, di consumo ironico, di culture jamming ecc. Siamo di fronte a un diverso tipo di stabilizzazione anche se non è escluso che, venendo meno l'impianto valoriale che sostiene l'atteggiamento antagonista, si possano cercare altre visioni del mondo, persino molto più radicali, capaci di sostituire o di superare in fatto di estremismo le precedenti.

Lo schema sopra discusso ci aiuta a cogliere alcune caratteristiche comuni ai soggetti intrappolati nel doppio vincolo, che consente di superare le categorie solitamente discusse in letteratura sul fenomeno terroristico (il *foreign fighter*, il lupo solitario, il convertito, l'immigrato di seconda generazione ecc.). Quanto più la jihad assumerà un posizionamento antitetico alla vulgata globalista e ai valori del consumo globale, tanto più sarà in grado di pescare nuovi adepti tra gli ambivalenti e gli antagonisti. Certamente, in soggetti in cui l'anomia è già presente per via di uno scollamento culturale dai valori istituzionalizzati del paese in

Figura 1 – Incongruenza valoriale

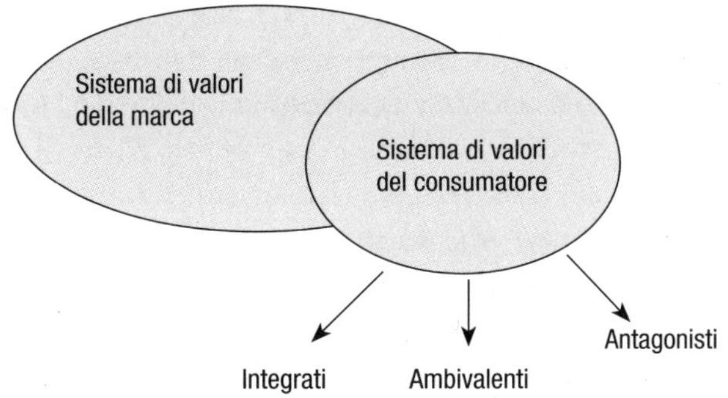

cui vivono, è più facile che il doppio «tradimento» da parte dell'entità statuale, o sovrastatale nel caso dell'Europa, e delle promesse inviate dal sistema dei consumi, determini una crisi che sfocia nella scelta della radicalizzazione. Per il soggetto più integrato nel sistema istituzionale il fatto di essere «tradito» dal consumo è certamente meno traumatico; inoltre, il tipo di promesse provenienti dai brand della jihad è troppo distante dalla cultura di riferimento e spesso incomprensibile – per questo è più facile, semmai, che si radicalizzi sul fronte opposto, quello delle politiche identitarie che si suole definire populiste.

Paradossalmente il grado di maggiore integrazione di alcuni soggetti non implica affatto la riduzione del doppio vincolo ma può determinare la sua intensificazione. Il tipo di immigrazione quasi-autoctona della Francia e del Belgio (con tutti i problemi che essa comporta) è una fucina di soggetti oscillanti, alla ricerca di una exit strategy dalla loro sottomissione al potere cognitivo del consumo. Il tipo d'immigrazione presente in Italia è molto meno qualificato, al limite del rispetto dei diritti umani, come nel caso del caporalato. Un livello talmente minimale di sopravvivenza che non arriva a innescare la relazione di anomia né di doppio vincolo. Per sentirsi traditi bisogna perlomeno percepire l'approcciabilità dei mezzi per soddisfare bisogni o realizzare ambizioni.

Un esempio del modo in cui la logica del doppio legame viene ripresa e sfruttata dal punto di vista programmatico e comunicativo dallo Stato Islamico è la storia del cittadino norvegese d'origine cilena Bastián Vásquez, detto Abu Safiyya, convertitosi a 25 anni seguendo un «percorso ormai tipico del giovane convertito che rapidamente imbocca la via dell'islam radicale», che «frequenta le periferie urbane in cui s'incrociano immigrati da tutto il mondo, entra a far parte di un gruppo hip hop, attorno al 2009» (Maggioni 2015, p. 57). Nella fattispecie il processo di conversione è animato dalla frequentazione del predicatore Mohyeldeen Mohammad, «un iracheno noto alle autorità per la sua reazione violenta alle vignette contro Maometto del 2014». Oltre alla frequentazione della scena hip hop norvegese e del risentimento per l'offesa delle vignette, che traducono in cultura popolare l'altro risentimento degli europei nei confronti di una cultura potenzialmente non assimilabile, il giovane utilizza la rete come strumento di selfbranding cosicché nel 2013 «è lui stesso a postare su facebook la notizia che si trova ad Aleppo tra le fila dell'ISIS» (p. 58). È molto significativa l'operazione di storytelling avanzato che è stata disegnata intorno a tale figura. Egli è difatti il protagonista del video diffuso in tutto il mondo in occasione della proclamazione stessa dello Stato Islamico. Il messaggio non ha meramente finalità descrittive e locutive ma precisamente perlocutive. Si intende difatti innescare un processo di adesione massiva alla nuova causa, che trasforma lo status dei giovani disadattati, oppure semplicemente «oscillanti» in quello di fedeli, combattenti e nuovi eroi. Egli non è semplicemente uno straniero tra i tanti ma lo straniero a cui si indirizza la chiamata alle armi dell'ISIS, che nella sua immagine fonde la natura e la mission dell'organizzazione, ovvero è «l'emblema di quello che il nuovo IS vuole essere: è la rappresentazione simbolica del suo messaggio e, al tempo stesso, dei principali destinatari del suo messaggio», prosegue Monica Maggioni. La fuga dalle logiche consumistico-spettacolari dell'Occidente, verso una nuova condizione di vita, conduce il protagonista a trasformarsi in una sorta di celebrity che, come vedremo più avanti, gode di privilegi che gli altri fedeli non possono neanche contemplare.

L'espansione globale della logica del consumo non è omogenea ma irregolare e incontra sacche di resistenza alla sua avanzata. Ormai, sempre più, l'Occidente è ovunque e assume più che la forma universale dei diritti quella globale dei consumi. La violenza che si sprigiona negli attentati è principalmente una risposta psicosomatica di una vasta categoria di soggetti e gruppi sociali che soffrono la propria dipendenza dal sistema globalizzato dei consumi. La religione è pertanto una cornice che offre un orizzonte di senso a chi soffre di una non totale aderenza alle manifestazioni superficiali del sistema. Più che il vuoto interno di cui parlano gli psicologi, il vuoto è semmai tra tali soggetti e gli ambienti cognitivi che frequentano.

La religione diventa pertanto un cuscinetto cognitivo con cui si prova a sostituire altri cuscinetti – come la politica, lo storytelling delle marche, i contenuti della comunicazione ecc. La exit strategy dal potere ammaliante del consumo è in realtà il tentativo di stabilizzare la propria identità tramite un discorso alternativo. La religione in quest'accezione è una tecnologia culturale, e la tecnologia può essere uno strumento di violenza. L'eliminazione fisica dell'infedele aderisce al canone della jihad tradizionale, ma il fatto di farlo in determinati luoghi, con precisi atteggiamenti, con determinate tempistiche, vuole dire soprattutto farlo in funzione dei media. Il consumo e i media sono pertanto l'innesco del conflitto identitario, ma anche il bersaglio. L'idea naif che avvicina i terroristi a gruppi antiglobalizzazione come i Black Bloc – con le dovute e necessarie distinzioni – è che per uscire dalla logica di doppio vincolo occorra eliminare un termine della relazione. Nel caso dei Black Bloc si tratta dei simboli del potere globalizzato, la cui distruzione vorrebbe prefigurare quella del sistema stesso.

Le exit strategy al doppio legame del consumo si basano solitamente su una logica binaria e molto semplificata. Se esiste una relazione malsana e uno dei due termini della relazione è considerato la causa, allora basta eliminare quel termine per recidere per la relazione. Tale concezione non valuta adeguatamente la complessità del doppio legame e soprattutto il fatto che produca una sorta di Sindrome di Stoccolma invertita, in cui prima ci si innamora del proprio carceriere e poi lo si inizia a odiare per via delle costrizioni che tale relazione impone. Come nel caso degli stati d'ansia che ci colgono quando entriamo nel mondo IKEA (Masneri 26/11/2014) o negli altri grandi store che inglobano completamente la nostra capacità percettiva senza lasciare vie di fuga. Il consumo, trasformatosi in ritualità quotidiana (Miller 1998) e in religione laica (Lyon 2002), tende dunque a incasellare le identità sociali, a classificarle tramite criteri sociodemografici, ma al contempo moltiplica le possibilità di identificazione, incentiva le multi-identità e dunque la schizofrenia culturale. Dal momento in cui la sindrome di Stoccolma del consumo si espande e si combina con altre forme di resistenza culturale e di rivendicazione politico-identitaria, la situazione si fa ulteriormente precaria.

Nel caso del terrorismo il bersaglio sono i simboli della secolarizzazione, che non è totalmente riducibile allo stile di vita occidentale ma di esso è in qualche modo la pre-condizione, ciò che le persone comuni percepiscono come espressione della libertà. Certo, come ho già detto in altre occasioni, non tutte le comunità di resistenza rispondono alla violenza della globalizzazione con una violenza interpersonale e mirata contro i corpi di chi solo indirettamente ha partecipato alla crescita del sistema. Gli Amish per esempio (Barile 2004) sono di certo molto più radicali nel senso di uno stile di vita che vuole essere irriducibile alle sirene della modernità. Ma di certo, a pare qualche celebre esempio narrativo, non hanno mai fondato una brigata per combattere fisicamente i nemici del proprio credo. Questo discorso pertanto non prova a deresponsabilizzare la fede, che purtroppo è al centro dei sempre più numerosi attentati degli ultimi tempi. Se è vero che di forme di resistenza e di opposizione al potere della globalizzazione se ne contano numerosissime, quella dell'estremismo islamico è da un lato la più pervicace e dall'altro forse la più collusa con alcuni elementi chiave del sistema globale, ovvero la logica del consumo.

Il consumo come obiettivo: dalla logistica ai luoghi del loisir

Se *Charlie Hebdo* toccava un livello assiologico profondo della cultura e dell'identità occidentale, i nuovi attentati conflagrano contro il livello superficiale: i luoghi del consumo e del *loisir*.

Senza avanzare alcuna pretesa sul loro eventuale intellettualismo, i terroristi sembrano quasi seguire un percorso culturale che è stato già elaborato all'interno della modernità occidentale dalla teoria critica della Scuola di Francoforte, che ha voluto vedere nello sviluppo dell'industria culturale, ovvero dei media e dei consumi novecenteschi, una sorta di decadimento dei valori costitutivi dell'Illuminismo, trasformatisi, sotto la spinta della razionalità strumentale, da mezzo di liberazione in mezzo di dominio. La loro visione è il frutto di un ribaltamento drastico e drammatico dei valori fondanti l'Illuminismo, la democrazia e dunque l'Occidente. Con la differenza che, se per gli abitanti di Francoforte l'evoluzione della tecnica ha tradito i valori da cui essa stessa era nata, per gli integralisti l'Illuminismo è il male mentre la tecnica può essere salvata e riconvertita, tramite un uso diverso.

Per questo i terroristi sono passati dall'aggressione di luoghi simbolici che incarnavano la matrice illuministica (la libertà di parola, Rue de Voltaire ecc.) a quell'insieme di fenomeni che, pur nella loro comune origine e destino, sono collocati a diverso livello nella gerarchia dei valori, anche da pare dello stesso uomo occidentale (una cosa è il valore della cittadinanza, un'altra quello del consumo). Difatti i consumi sono solo indirettamente collegati all'idea di libertà – certo di esprimersi, di votare, di scegliere, di consumare ecc. – ma rappresentano (paradossalmente) l'immagine tangibile ed esperibile delle conquiste più astratte raggiunte dall'Illuminismo e dalla democrazia. Essendo vano il tentativo di colpire i simboli che esprimono i valori dell'Occidente (o della Francia e dell'Europa), essi si scagliano contro la traduzione superficiale di questo valore: la libertà di muoversi, di provare piacere, di consumare. Forse tale scelta è meno profonda, come ha dimostrato l'unicità dell'ecumenismo del raduno per *Charlie Hebdo*, ma può avere comunque un impatto potente sull'immaginario collettivo, come l'immane disorientamento che è seguito agli attacchi al Bataclan, che ha scatenato una proliferazione caotica di messaggi sui social, in cui si accavallavano incredulità, cordoglio, solidarietà, indignazione, odio ecc.

In tale prospettiva il terrorismo cessa di essere un mero fenomeno esotico e diventa sempre più endotico, ovvero interno al sistema globalizzazione-consumo. Certo, non tutti i gruppi terroristici la vedono nello stesso modo, e neanche i terroristi del medesimo gruppo, e persino gli attentati sono uno diverso dall'altro. Ma è abbastanza evidente che, seppur nell'intenzione di colpire ogni volta qualcosa di specifico, la logica generale di opposizione al sistema resta relativamente la stessa. Da un certo punto di vista la decadenza dell'Occidente, considerato come il Grande Satana, passa proprio per una certa affezione di tale cultura nei confronti del consumo. Come ho già detto, la vulgata dei diritti universali – che già di per sé è un affronto alla visione tutto sommato tradizionalista del Califfato – viene rinforzata dal fatto che il punto d'arrivo di quella concezione non sono tanto le libertà civili e democratiche quanto piuttosto la libertà di vivere la propria vita attraverso i consumi. Questa critica può tranquillamente essere svolta dall'interno dello stesso Occidente da gruppi alternativi, non allineati e critici della globalizzazione, ma laddove giunge a fondersi con altri temi chiave come la risposta all'imperialismo, l'anticolonizzazione e un certo risentimento nutrito in Medio Oriente nei confronti degli abusi militari di Stati Uniti ed Europa, diventa un cocktail esplosivo che produce un fenomeno non solo allarmante ma quasi del tutto inspiegabile. Come potrebbe un autoproclamatosi impero del male, con tutte le mostruosità che palesemente mette in scena (mentre gli altri imperi del male perlomeno tentavano di occultare tali atrocità), fare proselitismo specialmente tra giovani alla moda, edonisti ed emancipati?

Dalla strage del Bataclan a Nizza, passando per l'aeroporto di Bruxelles, ma anche quello di Istanbul, per poi arrivare a una categoria che a suo modo è diventata un genere specifico e codificato nella classificazione degli attacchi: le destinazioni turistiche. I mezzi di trasporto specialmente come pre-condizione e infrastruttura del consumo turistico globale, i luoghi del *loisir* urbano, le destinazioni esotiche in cui l'attentato assume un sapore velatamente vintage di rivolta anti-colonialista, tutti questi esempi raccontano di una propensione se non addirittura di una vera e propria affezione dei terroristi nei confronti del consumo.

Il consumo è sempre più al centro dell'ipertrofia emozionale che colpisce il mondo islamico; anche quando non esplode in forme di violenza terroristica, dà sfogo a un risentimento che risulta ancor più preoccupante proprio perché non limitato ad avanguardie militari ma alla folla che s'attiva seguendo le vecchie teorie elaborate dalla sociologia dell'Ottocento. È stato il caso del negozio di dischi preso d'assalto da un gruppo nutrito e variegato di integralisti islamici per il semplice fatto di aver organizzato una festa in occasione del lancio del nuovo disco dei Radiohead (Milman 18/6/2016). Il motivo principale della diatriba era ovviamente il consumo di alcolici e solo collateralmente il fatto che si trattasse di un gruppo indie inglese. Ma sia nella ben più atroce carneficina del Bataclan sia in questa punizione alla vecchia maniera con spintoni e bastonate si trattava di un rituale laico organizzato intorno a una passione specifica: l'esibizione di una band indie. Forse, tornando alla logica dello scontro di civiltà, la scena indie è percepita come obiettivo della violenza integralista proprio perché fucina di ideali di tolleranza e di rispetto della diversità culturale che fungono ancora da collante sociale e da cuscinetto nei confronti delle spinte polarizzanti che animano lo scontro delle inciviltà. Quest'affermazione rimarrà valida sino a quando non avremo notizie di scorribande islamiche contro naziskin durante i concerti di musica Oi!.

Format uguali, contenuti diversi

Ben diverso dai consumi musicali è il calcio come strumento d'intrattenimento. Gli integralisti percepiscono la potenza pedagogica di questo mondo, delle sue retoriche e dei suoi eroi, che giunge quasi a competere direttamente con la forza coercitiva del proselitismo religioso. Per questo motivo, nella sua manifestazione più mainstream, è considerato qualcosa da sconfiggere. Dagli attacchi intorno allo Stade de France a Parigi alla strage di tifosi del Real Madrid in Iraq durante la visione collettiva di una partita in tv, sino alle minacce all'Europeo che non si sono avverate forse perché troppo alto il livello di allerta a poca distanza da altri attentati. Il calcio è forse la forma di consumo mediale e materiale che più s'avvicina ai meccanismi della fidelizzazione religiosa. Nel caso degli ultrà, la passione forte per una squadra conduce agli atti più deprecabili, anche se non tanto deprecabili come quelli dell'integralismo religioso.

Anche la conversione del tifoso o del calciatore – del primo frutto solo di un mutamento imprevedibile, mentre del secondo di calcoli utilitaristici – è prossima alla crisi di coscienza che può condurre da una fede a un'altra. La passione per il calcio dei giovani dei paesi musulmani è pressoché illimitata, come quella di altri giovani del mondo, ed è supportata dalla medesima retorica del riscatto sociale che in Sud America ha trasformato alcune star del pallone in eroi baciati dalla provvidenza. Oltre a proporre mondi da sogno, questo sport è un rimedio facile contro l'anomia, proprio perché mostra quali sono i mezzi giusti per raggiungere determinati fini. Per questo spaventa gli integralisti, perché nelle sue promesse si annidano i medesimi meccanismi cognitivi che rendono la religione un discorso ancora plausibile. Esso produce identità nello stesso modo in cui lavorano le marche globali, con la differenza che non basta una sconfitta, un campione che se ne va, una delusione qualsiasi a incrinare tale fede. Essa va avanti esaurendosi solo per via di fattori imponderabili. Mettere in crisi il mondo del calcio vorrebbe dire elidere il legame che collega vastissime masse di giovani alla vulgata di un'integrazione possibile in cui da perfetti nessuno ci si può ritrovare campioni al centro del mondo.

Gli aeroporti sono un luogo prediletto per i terroristi, non solo a conferma della già discussa passione che nutrono per la logistica quanto, soprattutto, per il fatto che sono il luogo di celebrazione di un'ipermodernità cosmopolita e multietnica, di uno stile di vita intriso del profumo che si sprigiona dai duty free, che in qualche modo rappresenta l'essenza della visione neoliberista. Ad essi ben si adatta la categoria di non luogo elaborata da Augé (1993) per indicare uno spazio di flussi in cui merci, persone, capitali ecc. scivolano agevolmente su una superficie liscia che non consente alcun radicamento, alcun attrito che possa inibire o rallentare la circolazione.

Su tale concetto gli antropologi e gli studiosi sociali si sono scatenati in tentativi di critica e di rivalutazione, incluso il suo stesso ideatore, ma forse lo studio più interessate di tale oggetto è il film *The Terminal* di Steven Spielberg, del 2004, che per l'appunto mette in discussione il concetto di non luogo, provando a immaginare una vicenda in cui il protagonista, interpretato da Tom Hanks, riesce ad abitare un luogo, trasformandolo in un contesto abituale. In modo diverso ma sempre vagamente situazionista, i terroristi tentano di distruggere tali ambienti, trasformandoli in luoghi da incubo. Per farlo hanno bisogno di travestirsi simulando una normalità che nella maggior parte dei casi è esattamente quella che li caratterizzava prima dell'affiliazione. In Belgio addirittura sono stati ripresi mentre spingevano i propri carrelli, vestiti con uno stile *normcore* e sociologicamente mimetico. Inoltre si sono recati in aeroporto in taxi e per fortuna non sono riusciti a caricare tutti i trolley, imbottiti di esplosivo, fatto che ha reso sensibilmente meno devastante l'attentato. A Istanbul, città martoriata da numerosi attacchi suicidi, questa volta i terroristi hanno voluto colpire un obiettivo molteplice. In un sol colpo il luogo che consente di drenare i flussi del turismo globale verso la Turchia, il simbolo della Turchia laica che passa per il nome di Mustafa Kemal Atatürk, e il luogo di incontro tra culture diverse in transito per il pianeta. Dopo esser passato per Istanbul un paio di mesi prima dei tremendi attentati, di ritorno dalla Corea del Sud, e nonostante gli accurati controlli, uno anche interno per i passeggeri in transito, ho avuto modo di respirare un'atmosfera tutt'altro che rassicurante. Quasi la percezione di un cupo ribaltamento dell'ideale del melting pot in cui le immagini provocanti dei consumi globali, i bar che servono alcolici e le turiste in viaggio verso località balneari (con mise particolarmente disinibite), coabitano con anziani dalle barbe pronunciate e signore occultate dai veli in attesa di coincidenze per l'Oman o lo Yemen. Più che un non luogo liscio che facilita la conoscenza di superficie dell'altro, come nella definizione stessa di non luogo, qui si tratta di uno spazio di compressione in cui il pensiero della tradizione è costretto a cimentarsi con ciò che gli è più antinomico.

I terminal degli aeroporti sono solo l'estensione di un'infrastruttura turistica che si vuole ferire materialmente per precipitare quei paesi in crisi economiche dall'esito imprevedibile, ma anche per colpire l'occupazione degli occidentali che, con la fine del colonialismo, proseguono nell'opera di sfruttamento di determinati luoghi del pianeta, in cui il turismo non è una delle attività produttive ma l'unica risorsa che produce valore. Gli attentati contro gli italiani in Tunisia erano basati su di un mix di anti-imperialismo, anti-globalismo e anti-consumismo. Chi è stato nei resort *all inclusive* di Sharm el-Sheikh può ben capire il senso di frustrazione che persino i turisti sono costretti a provare nel tentativo di inseguire il loro ideale di vacanza perfetta. Anche qui non luoghi che assomigliano alle istituzioni totali studiate dalla sociologia, in cui tempi e spazi sono calcolati ineffabilmente. Un taylorismo ludico che a ben vedere cozza con tanti discorsi fatti dai sociologi sulla demassificazione, ma che continua a funzionare perfettamente, rivolgendosi a una classe media in crisi a cui si regala un frammento di esile felicità, a cui si è disposti a corrispondere persino con la propria eventuale (anche se poco probabile) morte.

Anche in questo caso il neoliberismo pare alleato del terrorismo nell'opera di devastazione della classe media, solo che se il primo la porta avanti sul piano del reddito e dello stile di vita, il secondo procede direttamente all'eliminazione fisica di vittime che hanno come unica colpa quella di essere terminali della filiera del consumo. A Dacca è accaduto qualcosa di simile soltanto che al posto del turista massivo le vittime sono state imprenditori italiani impegnati a svolgere sul luogo attività di business. Nemesi profonda e surreale il fatto che i carnefici fossero giovani, con buoni studi universitari e figli di papà. La brutalità con cui hanno ucciso i nostri compatrioti e fatto circolare le immagini delle sevizie, va ben al di là delle uccisioni di massa con autobombe o cinture esplosive. Essa indica non solo un totale non riconoscimento dell'umanità dell'altro ma un vero e proprio gusto per il dolore che esso prova, da superare le pratiche più disumane del peggiore dei servizi segreti. Tragedia nella tragedia è stata la vicenda di Faraaz, il giovane musulmano che ha preferito restare nel luogo delle atrocità nonostante fosse autorizzato dagli assassini ad andare via, solo per non abbandonare le sue amiche vestite in modo occidentale. Il *dress code* che solitamente autorizza i giovani a entrare o meno nei club più esclusivi, in questo caso è stato utilizzato per discernere chi meritasse di salvare la propria vita dai condannati a una morte atroce.

Ciò immediatamente ribalta il nostro modo di concepire la moda come leggerezza e svago in qualcosa d'altro che, proprio in quanto effimero, diventa il segno quintessenziale di tutti i mali dell'Occidente. Il fatto che gli esecutori di una simile barbarie fossero figli di famiglie benestanti, e che quindi gli italiani coinvolti fossero stati «Sgozzati dai Bamboccioni» – come era intitolato l'articolo di Luigi Caramiello sul *Giornale* del 4 luglio 2016 – aggrava la questione e l'avvicina molto al modello già discusso del doppio vincolo. Come sottolinea enfaticamente Caramiello, questi «rampolli» della «borghesia» bengalese che hanno assassinato brutalmente 20 innocenti di cui 9 italiani, sono «vissuti nei quartieri eleganti, frequentando scuole esclusive e università prestigiose. Frequentano locali alla moda con avvenenti attricette e abiti griffati». Lo stesso autore riconosce come paradossale la relazione tra l'orrore scatenato dagli assassini e la dedizione all'effimero delle loro vite, chiedendosi pertanto come sia scattato il «meccanismo di radicalizzazione» ovvero una «colonizzazione psicologica» così penetrante. Dal suo punto di vista, è ormai vecchio «l'armamentario concettuale» che gli intellettuali utilizzano per affrontare il fenomeno, ma rifiutano di riconoscere che si tratta di un mostro «ideologico-religioso» che ha radici nello stesso «immaginario islamico». A questa attenta analisi segue una soluzione composita che ha come primo obiettivo la «distruzione dei centri d'irradiazione dell'idea di Califfato».

La sequenza logico-argomentativa proposta dall'articolo è un classico esempio di reazione al doppio vincolo. *In primis* viene rilevata la paradossalità dell'azione del nemico, che si dimostra ancor più inquietante proprio per il fatto che simili mostruosità siano svolte non da integralisti intransigenti ma da giovani banalmente avvezzi a uno stile di vita edonista e consumistico. Andrebbe pertanto investigato in modo più adeguato il potere ammaliante di questa presunta ideologia religiosa, capace di trasformare godereccі figli di papà in mostri. Ma l'unica soluzione al problema è eliminare il centro ideologico di condizionamento che spinge a compiere azioni tanto nefaste. Se l'analisi è impeccabile e piena di possibili sviluppi di riflessione, la chiusura del discorso va dritta al sodo, ovvero colpire ed eliminare il centro di «irradiazione» cognitiva e culturale del fenomeno.

Nel caso di Orlando l'obiettivo dell'attacco è stato il Pulse, locale notturno molto conosciuto in città e frequentato principalmente da un pubblico omosessuale. Nel lasso di tempo che è intercorso dall'esecuzione dell'attentato alla protesta civica della comunità gay del posto, si è andata palesando la contorta psicologia dell'attentatore. Un soggetto problematico e a detta della stampa autoradicalizzatosi, attraverso il web, anche se pare al contempo molto significativa la figura del padre, membro attivo della comunità islamica afghana con posizioni per nulla moderate. In realtà, altre fonti hanno appurato vari tentativi di pianificazione di un attentato, tra cui un sopralluogo in compagnia della moglie a Disneyland (Mazza, De Feudis 14/6/2016).

La scelta del famosissimo parco a tema americano è perfettamente in linea con l'idea di voler punire lo stile di vita occidentale che passa per l'esaltazione del consumo. Inoltre, in un gioco perverso di rimandi tra vecchi e nuovi terrorismi e l'immaginario collettivo, Disneyland è già stata teatro di un'incursione di Banksy nel 2006, quando il celebre street artist installò dietro alcune recinzioni all'interno del parco un manichino incappucciato e vestito con l'iconica tuta arancione dei terroristi prigionieri di Guantanamo, come raccontato nel film documentario del 2010 *Exit Through the Gift Shop*, diretto dallo stesso Banksy e da Shepard Fairey.

La scelta del Pulse, teatro di un omicidio seriale con cinquanta morti e altrettanti feriti, è stata immediatamente ricondotta dalla stampa all'identità sessuale contraddittoria dell'assassino, che negli anni precedenti all'attacco aveva frequentato chat e locali gay. Aspetto reso ancor più problematico dalla dichiarazione del padre, quando ha raccontato a NBC News che pochi mesi prima, «il figlio si sarebbe arrabbiato dopo avere visto due uomini baciarsi a Miami». Per molti giornali il senso di colpa per la sua inammissibile omosessualità latente sarebbe stato la scintilla che ha innescato la spirale di odio che ha condotto verso un assassinio seriale che, in realtà, se non ci fosse stata l'autoradicalizzazione, sarebbe stato molto simile a un prodotto tipico della cultura americana. Per questo motivo lo stesso Obama ha tentato di recintare il fenomeno alla dimensione domestica e psichiatrica (Ellis, Fantz, McLaughlin, Hume 14/6/2016), senza coinvolgere la questione islamica. In realtà, come hanno sottolineato gli stessi giornalisti della CNN, l'attentatore ha «consumato una quantità abnorme di propaganda jihadista». Dunque una risposta ossessiva alle stesse ossessioni che tormentavano la psicologia labile del soggetto problematico: l'attrazione per il consumo, per l'alcol (che assumeva regolarmente), per la libertà sessuale e per i locali in cui si ballava un certo tipo di musica, dal genere latino americano all'hip hop, come ha testimoniato Joel Figueroa, un suo conoscente sfuggito al massacro: «Ballavamo nella zona hip hop e d'un tratto abbiamo sentito gli spari» (Alvarez, Pérez-Peña 12/6/2016). Tutto ciò lo coinvolgeva al punto da fargli raggiungere il limite di rottura, al di là del quale avrebbe deciso freddamente di spezzare il vincolo ambivalente che lo legava a quella cultura con il «più grave assassinio seriale della storia americana» scrivono ancora gli autori. I fatti atroci di Orlando – nemesi sanguinaria e dark della rivolta di Stonewall – ripropongono il paradosso di un'affinità strutturale tra l'integralismo islamico e le posizioni della destra radicale americana. In questo immane scontro delle inciviltà le vittime non sono solo i soggetti/gruppi più deboli (tra cui gli stessi lupi solitari che sono deboli psicologicamente), ma soprattutto i diritti civili e le conquiste culturali della tardomodernità. A questa tragica lista andrebbero ovviamente aggiunti altri luoghi del consumo – come l'aereo che conduceva i turisti russi di rientro da Sharm el-Sheikh, oppure il museo del Brado di Tunisi in cui vi sono quattro italiani tra le 24 vittime complessive. Certo, il fattore scatenante di tali attacchi non è solo psicologico ma spesso principalmente geopolitico, solo che mentre la geopolitica resta insondabile e impercettibile, il consumo rappresenta il luogo di più immediata e intuitiva comprensione di ciò che sta accadendo. Anzi, proprio perché i principali luoghi degli attacchi corrispondono a luoghi del consumo, esso manifesta la sua elevata potenza cognitiva e indispensabilità esistenziale: in un certo qual senso non si può rinunciare a consumare a costo della vita.

Il consumo non è implicato nell'odierno terrorismo solo come elemento problematico che può innescare la crisi identitaria e come obiettivo da colpire per spezzare il doppio legame. Esso è anche il teatro su cui si gioca una partita economica e politica che tende a mettere in crisi determinati luoghi del pianeta che solitamente si reggono su economie turistiche ma anche a incrinare l'immagine delle destinazioni più ambite al mondo, che spesso coincidono con le metropoli occidentali. Dopo New York, Londra e ora Parigi si sono susseguiti numerosi allarmi sul possibile decremento del traffico aereo o sul calo delle prenotazioni in alberghi e ristoranti. Con l'epocale attacco alle torri dell'11 settembre sembrava che nessuno più avrebbe volato come prima, e invece il fenomeno del low cost ha esteso fino all'inimmaginabile la portata e la frequenza del traffico aereo.

Dall'11 settembre il mantra che segue ogni attentato è: non lasceremo che i terroristi limitino il nostro stile di vita (che si esprime principalmente tramite la «libertà» di consumare). Alcune ricerche hanno provato a fare il punto sulla questione, esaminando sistematicamente dati che talvolta vengono enfatizzati dalla volatilità del resoconto giornalistico. Già nel 2005, a seguito degli attentati a Londra e a Sharm el-Sheikh, uno studio di ricercatori italiani ha evidenziato l'impatto di tali vicende sul sentiment, sulla propensione all'acquisto e sul senso di sicurezza dei consumatori italiani. Da una complessa analisi, gli studiosi rilevano diverse tipologie d'impatto, tra le quali le più significative sono (Bosio, Graffigna, Lozza 2006, pp. 19-20):

- il sentiment del consumatore si abbassa, soprattutto in riferimento alle previsioni economiche personali/familiari;
- l'attenzione ai prezzi (già elevata) aumenta, segnalando una maggiore allerta nell'esperienza di acquisto;
- a distanza di due mesi (settembre 2005) gli effetti del primo attentato londinese sembrano solo parzialmente assorbiti;
- sfuggono a questa tendenza il quasi pieno recupero relativo alle sicurezze familiari e il permanere (o l'accentuarsi) di acuzie di criticità sui propri risparmi.

Di certo, il mondo del consumo, come altri sistemi che regolano la vita delle persone nelle società complesse, dispone di un meccanismo che tende a mantenerlo in equilibrio – oggi si parlerebbe di resilienza, anche dinnanzi a fattori critici esterni come quello della minaccia terroristica. Questo anche perché il consumo per noi cittadini globali è talmente diluito nella vita quotidiana (Barile 2009) da diventarne parte integrante che, in tal modo, segue la medesima legge dell'inerzia (Heller 1981; Barile 2009) che autoregola lo svolgimento delle nostre vite. Tuttavia la ripetizione, l'intensificazione e la variazione tematica degli attacchi (ovvero resta invariato il format ma cambia continuamente il contenuto) tendono a stressare oltre il dovuto il sistema stesso. Questo è ciò che provano a fare i terroristi. Essendosi a loro modo liberati del doppio legame, provando a recidere il medesimo legame che lega i cittadini globali al consumo, attraverso il senso di paura e d'incertezza che, come detto all'inizio, si amalgama con altre paure del nostro tempo. È possibile che ciò si unisca all'azione svolta dalla schismogenesi, che ricordiamo mira a elidere il legame sociale e a contrapporre le fazioni, restituendoci quindi società immobilizzate dalla paura, in cui aumenta il conflitto tra le opposte fazioni.

Oggi alcune compagnie aeree come EasyJet e Lufthansa risentono del particolare clima d'incertezza. Carolyn McCall, CEO di EasyJet, ha ammesso che i consumi sono «in calo del 2,6% a 1,2 miliardi di sterline a fronte di un aumento dei passeggeri del 5,8%, pari a 20,2 milioni di unità». Sarebbe dunque «l'ombra del terrorismo a tagliare le gambe ai voli dei prossimi mesi» dato che «ai viaggiatori europei non sembra piacere attraversare l'Europa come un tempo» (Cillis 21/7/2016). Anche il gruppo Lufthansa, più potente e altolocato, risente di una crisi che lentamente sta logorando i suoi bilanci, per via della quale «ha tagliato le stime del secondo trimestre, attendendosi ricavi in calo dell'8-9%, contro il meno 2,6% nei primi sei mesi», scrive sempre Lucio Cillis.

Nel caso delle destinazioni turistiche sembra quasi che si combatta una battaglia aperta tra i terroristi, i gestori del sistema d'accoglienza e la stampa. Se nel 2015 si esultava per il fatto che l'attentato di *Charlie Hebdo* non avesse impattato affatto sui consumi turistici che, al contrario, erano cresciuti considerevolmente: «Come immaginarlo poco più di otto mesi fa? Quando gli attentati di *Charlie Hebdo* avevano gettato su Parigi un'atmosfera lugubre e sconcertante, nessuno poteva ipotizzare che la Ville Lumière e il paese intero avrebbero salvato la loro stagione turistica 2015» (Martinelli 1/9/2015); invece la Francia «punta a macinare un nuovo record, superando per la prima volta la soglia degli 85 milioni di visitatori stranieri» visto che le «prime stime danno per l'estate 2015 una crescita compresa tra il 4 e il 4,5% per il fatturato dei professionisti del comparto, compresi hotel e ristoranti», scrive sempre Martinelli. Dalla fine di agosto 2016 in poi, e in seguito all'impensabile sequenza d'attentati che ha sconvolto la routine dei cittadini europei da Parigi a Bruxelles passando per la Germania, il tono degli articoli sulla medesima questione s'è abbassato drasticamente, fino quasi a sfiorare la depressione. Difatti, dopo gli entusiasmi dell'anno prima, ora «Parigi ha registrato un drastico calo nelle presenze dei turisti... circa un milione di persone ha deciso di rinunciare a visitare Parigi soltanto nella prima metà del 2016» tanto che gli «addetti al settore hanno stimato un calo degli introiti di ben 750 milioni di euro nel periodo gennaio-giugno», trattasi dunque di un «effetto della paura globale che ha colpito, inevitabilmente, anche Bruxelles, con le prenotazioni che sono calate mediamente anche più del 20%» (Basile 24/8/2016).

Un ulteriore paradosso è dato dal fatto che, rispetto al decremento dei consumi inibiti dagli attentati aumenta vertiginosamente il consumo di immagini e di informazioni relative a quell'universo simbolico. Quasi a voler compensare il decremento dell'altro tipo di consumi, o meglio a ricercare informazioni che consentano di comprendere il fenomeno e di controllare l'ansia che esso induce. Tutto ciò insegna che, al di là delle contrapposizioni religiose, ideologiche e geopolitiche, la questione dello stile di vita, mediata dall'immagine e dal consumo, è il cuore stesso del conflitto globale.

Estensione del dominio e della marca: da al-Qaeda all'ISIS

La performance di Cartsen Nicolai, al secolo Alva Noto, realizzata presso l'Hangar Bicocca di Milano, è dedicata alla figura linguistica dell'acronimo come segno tanto emblematico quanto inquietante di una struttura di potere. La performance sonora e visuale si basa difatti su una sfilata di acronimi che vanno dai brand delle multinazionali alle sigle dei servizi segreti, fino alle formazioni terroristiche «vintage» come la RAF. Dall'estetica astratta di un'infografica sempre più metafisica fino alla sfilata stroboscopica dei luoghi che popolano l'immaginario globale.

Quest'ossessione per l'acronimo ricorda molto il monologo di Borgia Ginz – in *Jubilee* di Derek Jarman – quando il malefico impresario gioca con le sigle delle emittenti televisive mescolandole a quelle dei servizi segreti, per svelare la cospirazione del potere contro la giovane generazione punk, monologo che si conclude con l'affermazione «io le ho tutte in mano». Nel brano di techno sperimentale di Alva Noto invece le sigle vivono di vita propria e la cospirazione non rievoca tanto il potere delle organizzazioni quanto piuttosto la violenza visuale e cognitiva delle loro identità visive.

Il logo che esprime oggi più d'ogni altro una simile se non superiore violenza semiotica è senza dubbio quello dell'ISIS, ormai famoso per i suoi «prodotti» nefasti ma anche per la sua struttura semplice facilmente memorizzabile. Al di là del suo tragico contenuto, il logo ISIS rimanda agli altri protagonisti della globalizzazione in modalità inversa e perversa. Se gli altri loghi promettono paesaggi da favola e mondi di felicità ai propri consumatori di riferimento, quello ISIS allude a un immaginario di paura e devastazione, in cui i nuclei essenziali dei nostri modi di vita, che includono valori, pratiche relazionali ed esperienze di consumo, vengono letteralmente ribaltati e fatti saltare in aria. L'ISIS è l'antimateria stessa del mindset etico ed estetico del cittadino globale, la sua più pura nemesi anche se, come abbiamo visto, è legato a doppio filo alla globalizzazione, al punto da esserne altrettanto dipendente quanto un banale consumatore. In quanto promessa inquietante e distopica il suo logo comunica al pubblico occidentale un mondo degenerato, incomprensibile, che però è anche prossimo, a portata di mano per via dell'attualità dei processi di crescente immigrazione. Forse gli può essere paragonato solo il branding artigianale introdotto da alcuni prodotti estetici, come i film horror degli anni Ottanta, oppure quello di alcune band di Death Metal vagamente sataniche, oppure quello parzialmente inconsapevole di un figuro come Charles Manson che seppe ribaltare l'immaginario di un intero decennio (gli anni Sessanta) rivelando al tempo stesso le forze oscure che si nascondevano dietro quell'immagine gioiosa e utopica.

Considerando che oramai ci si riferisce in termini di brand anche a organizzazioni politiche e/o a movimenti di militanza (Bennet, Lagos 2007), la modalità attraverso cui opera questo anti-brand è pertanto simile a quella di altri soggetti che popolano il mare magno della critica alla globalizzazione. Senza assolutamente voler indicare un disegno comune, l'ISIS ha recuperato uno stile di comunicazione tattica che ricorda sotto alcuni aspetti il cultural jamming, i Black Bloc e alcuni movimenti delle primavere arabe (Codeluppi 2016). Mi riferisco a ciò che Umberto Eco, nel 1968, avrebbe definito «guerriglia semiotica»; ma a differenza di al-Qaeda, molto più tattica dell'ISIS, il nuovo brand del terrore mira a elevare al rango di comunicazione strategica, da vero e proprio broadcast del terrore spettacolarizzato. In questo senso l'ISIS pare aver compreso che il futuro di tutti brand, anche quelli che promuovono prodotti fisici, sarà sempre più la produzione di contenuti immateriali, narrazioni ed esperienze. Per questo dietro al suo brand non c'è solo l'attività di core business che dissemina paura e sangue nell'intero pianeta, ma come si vedrà più avanti anche una vera e propria industria mediale che elabora prodotti sempre più curati e disegnati sulle caratteristiche diversificate dell'audience.

Evoluzione dei brand del terrore

Si è detto molto sulla marca ISIS come forma innovativa di branding della paura che, da qualche anno, assedia la nostra vita quotidiana. Anzi ormai ci si riferisce a tali fenomeni quasi più frequentemente come brand che non come organizzazioni. È pertanto opportuno chiarire che cosa s'intenda oggi con brand e soprattutto come questo termine indichi una realtà che nel corso degli ultimi decenni è cambiata considerevolmente. Non è possibile dunque considerare l'ISIS alla stregua di un brand Coca-Cola, non per il semplice fatto che uno è buono, commerciale, familiare e l'altro no, ma perché oggi la natura, il progetto e le modalità di interazione del brand sono cambiate drasticamente. Ed è forse proprio in virtù di tale «mutazione» che oggi possiamo applicare la categoria di brand a una delle realtà terroristiche più drammaticamente spietate e pericolose.

La prima distinzione che va affrontata è quella tra marchio e marca. Con il primo termine si suole indicare l'identità visibile e fisica che passa attraverso un segno (logo) e un lettering. Con la seconda invece si indica un insieme molto composito di risorse tangibili e intangibili che definiscono il mondo della marca, il suo sistema di riferimenti culturali – detto in altri termini, il suo immaginario.

Il logo dell'ISIS comunica simultaneamente a due pubblici diversi e ad essi si riferisce attraverso discorsi, simbologie e narrazioni finalizzate a ottenere uno specifico effetto comunicativo. Verso l'opinione pubblica araba indirizza messaggi rassicuranti, rivoluzionari ma comunque inscrivibili nell'alveo della tradizione. Verso il pubblico internazionale e specificamente occidentale invia messaggi di minaccia, terrorizzanti e/o comunque inquietanti. Questo doppio registro comunicativo, dovuto alla diversità linguistica ma anche alla diversa finalità pragmatica, si evince già a partire dal logo, che comunica diversamente nella sua versione araba e in quella a uso del pubblico internazionale.

La striscia bianca in cima alla bandiera recita «Non c'è altro Dio all'infuori di Allah. Maometto è il messaggero di Allah». Al di sotto un cerchio bianco enfatizzato da scritte nere, ricorda che «Maometto è il messaggero di Dio», richiamando la forma del sigillo del Profeta come a chiudere una busta da lettera (Gander 6/6/2015).

Il logo rivolto al pubblico arabo è sostanzialmente la bandiera nera con le scritte bianche. Non che questa non si veda in Occidente, ma il fatto che riporti scritte in arabo la rende incomprensibile ai più. Inoltre la stessa bandiera nera, che da noi rievoca un immaginario marziale associato alla morte – dal nazifascismo fino ai Black Bloc –, nel mondo arabo è percepita come un riferimento alla tradizione. Come ha messo in rilievo Kashmira Gander (6/6/2015) le «bandiere monocrome fanno parte della tradizione nell'antico Oriente, arabo e islamico, e molte persone credono che uno dei vessilli del Profeta fosse nero... difatti la bandiera non rappresenta soltanto un gruppo... essa è usata da Al-Shabab in Somalia come anche da al-Qaeda nella penisola araba». Le scritte presenti sulla bandiera sono quanto di più «istituzionale» e condivisibile da parte dei fedeli musulmani «moderati» di tutto il mondo.

L'ISIS, o meglio Daesh in questo caso, mira in primo luogo a rinforzare il legame con la comunità d'appartenenza e a presentarsi come avanguardia rivoluzionaria ma pur sempre parte di un insieme di formazioni che, in maniera più o meno estremista, più o meno sanguinaria, portano avanti la causa della jihad. Non soltanto per il livello testuale del logo ma per la totalità del messaggio riportato sulla bandiera nera visto che, «secondo molti studiosi dell'Islam... Maometto utilizzò un lembo di velluto nero appartenuto a una delle sue mogli, Aisha, per ricavare la bandiera» (Beifuss, Trivini Bellini 2013, p. 61)

La versione del logo di Daesh, tradotta a uso e consumo del resto del mondo non arabo, è prima di tutto semplice, schematica e immediatamente riconoscibile. Parla specialmente a quell'uomo tipografico che per Marshall McLuhan ha costruito il senso della propria identità attraverso la stampa a caratteri mobili. A questo soggetto protagonista della modernità occidentale, l'ISIS parla direttamente con un segno facilmente decifrabile che, una volta cliccato, comunica simultaneamente l'immaginario orrorifico che da qualche anno siamo abituati a decodificare. Certo, non si tratta dell'unica sigla del terrore ed è noto che ben prima di questa realtà vi fosse già un notevole numero di organizzazioni e di relativi acronimi. Come quello di al-Qaeda in the Islamic Maghreb (AQIM) che rappresenta «un'organizzazione sunnita militante..., fu fondata nel 1998 e si concentrava su obiettivi locali» (Beifuss, Trivini Bellini 2013, p. 63). La relazione tra al-Qaeda Central e le altre sigle del terrore suggeriva già in passato un tipo di organizzazione quasi-manageriale, in cui la sigla centrale gestisce la dinamica complessiva dell'organizzazione e interagisce con le «succursali».

La versione a uso e consumo del pubblico internazionale del marchio ISIS è meno iconica e più razionale e referenziale. La sua trasformazione da IS a ISI e al definitivo ISIS è frutto di cambiamenti di carattere storico ma anche legati agli obiettivi strategici dell'organizzazione. Nella sua struttura formale, semplice ed essenziale, il logo assomiglia molto a un pattern razionale in cui la ripetizione della due prime lettere (IS) non risponde solo a un'esigenza semantica e referenziale – delimitare al contempo identità e mission, ovvero l'insediamento dello Stato Islamico nei territori di Iraq e Siria e Medio Oriente – ma anche a quella di creare un potente logo attraverso un sistema di ripetizione che si esprime in un'identità formale duplicata. Sulla potenza simbolica del doppio si è scritto molto, ma soprattutto Baudrillard ha affrontato la questione quasi in modo profetico sul finire degli anni Settanta, per poi riprendere tale discorso dopo la tragedia dell'11 settembre.

> Perché ci sono *due* torri al World Trade Center di New York? Tutti i grandi building di Manhattan si sono sempre accontentati di affrontarsi in una verticalità concorrenziale, da cui risultava un panorama architettonico a immagine del sistema capitalistico: una giungla piramidale. Le due torri del WTC, parallelepipedi perfetti di 400 metri d'altezza su base quadrata, vasi comunicanti perfettamente equilibrati e ciechi – il fatto che ve ne siano due identiche *significa* la fine di qualsiasi concorrenza, la fine di qualsiasi referenza originaria. Paradossalmente se non ce ne fosse che una, il monopolio non sarebbe incarnato... Affinché il segno sia puro, occorre che si raddoppi in se stesso: è il raddoppiamento del segno a mettere veramente fine a ciò che esso designa... Le due torri del WTC sono il segno visibile della chiusura di un sistema nella vertigine del raddoppiamento (Baudrillard 1984, p. 82-83).

Sebbene in arabo sia diverso il nome e ovviamente la forma iconica, riportata solitamente su una bandiera nera, la versione a uso degli occidentali si basa su un segno più minimale; anzi, come nota Bruno Ballardini (2015), «se la nascita dello Stato Islamico era accompagnata da un'operazione di branding, il passaggio da Stato Islamico a "Califfato" è un'operazione di rebranding» (p. 29).

> L'8 aprile 2013 l'ISI, ovvero lo Stato islamico in Iraq (al-Qaeda in Iraq), ha rilasciato un comunicato radio del suo leader Abu Bakr Al-Bagdadi che annunciava la fusione del gruppo con la formazione jihadista di Jabhat Al-Nusra sotto il nome di ISIS (Stato Islamico dell'Iraq e dello Sham)... sono state chiare a tutti le mire espansionistiche dell'ISIS, visto che... Al-Sham indica la regione del Levante costruita nell'area del Mediterraneo orientale: Siria, Giordania, Palestina, Libano, Israele e Cipro (Ballardini 2015, p. 31).

Il risultato finale di tale trasformazione del logo è pertanto dettato da una volontà interna dell'organizzazione che in tal modo aderisce meglio alla mission dettata dal motto dell'organizzazione nella sua seconda parte (mission statement), «Rimanere ed espandersi» (p. 29). Tuttavia, tale cambiamento è anche dovuto a una migliore visualizzazione, comunicabilità e memorizzazione del logo stesso per il pubblico occidentale, che in tal modo partecipa a questo processo di «rifinitura», accettando universalmente la denominazione ISIS. Tanto che numerosi giornalisti e politici, tra cui il nostro ministro degli Esteri Gentiloni, insistono nel voler chiamare tale organizzazione con il suo nome arabo Daesh, in parte per segnalare una maggiore conoscenza del fenomeno, ma soprattutto per esorcizzarne la desiderata associazione semantica tra lo Stato Islamico e l'intera umma musulmana. Difatti, «il logo favorisce un accesso molto rapido al senso, talmente immediato che finisce col diventare inevitabile... una volta memorizzata la *gestalt* nel logo, è sufficiente percepirla per una frazione di secondo perché essa emani la sua significazione: identificazione della marca e richiamo metonimico della totalità dei suoi discorsi e della sua identità avvengono praticamente in modo simultaneo...» (Semprini 1996, p. 86).

«Cliccare» visivamente sul logo dell'ISIS vuol dire, per il cittadino occidentale (ma non solo), spalancare una porta su un universo di brutalità e sedizione. Il segno contiene e richiama «metonimicamente» quell'universo di significati che però varia a seconda del suo interprete. Potente e facilmente riconoscibile, al punto da destare preoccupazione anche in situazioni del tutto ordinarie, come con Mohammed Umar Farooq, studente del Master «Terrorism, Crime and Global Security», accusato di terrorismo perché stava leggendo un libro sull'ISIS nella biblioteca della Staffordshire University (Ramesh, Halliday 24/9/2015). Inoltre, come accade spesso con i loghi presenti sul mercato, anche qui siamo di fronte a vari tentativi di brand extension, come nel caso delle linee di merchandising vendute da alcuni siti indonesiani per vestire i fan della causa: t-shirt, cappellini da baseball e altri gadget tipicamente americani, questa volta diffondono tra i giovani il logo dell'organizzazione, ricevendo numerosi like sui social. Specialmente una delle t-shirt che raffigura i combattenti come una crew di eroi pop, con tanto di payoff «United we Stand» (Hall 24/6/2014).

Come si è detto, la struttura formale del logo ISIS ricorda il «raddoppiamento» delle torri gemelle e dunque indirettamente allude all'evento iconico che ha dato inizio alla tragedia contemporanea, come un vero e proprio Big Bang dell'ondata di paura globale. L'attacco alle torri non solo segna una nuova epoca in netta controtendenza rispetto allo slancio euforico degli anni Novanta (Belpoliti 2005), ma rappresenta a suo modo un evento fondativo e al contempo un'immagine potente che ha saputo ammaliare i media, gli studiosi e l'immaginario globale per parecchi anni. Questo nonostante la nuova formazione ci tenga a mantenere le dovute distanze da al-Qaeda. Anzi, l'affermazione del nuovo marchio del terrore giunge lungo la fase declinante di quel ciclo di vita e a suo modo rappresenta il superamento e il completamento di ciò che c'era prima. Superamento perché rispetto al progetto precedente sono mutati gli obiettivi e le strategie, completamento perché dal punto di vista dell'uomo comune non c'è sostanziale discontinuità tra i due progetti, semplicemente l'ultimo porta avanti le istanze già rivendicate dal primo, aumentandone, dilatandone e diluendone l'impatto nell'intero ciclo della vita quotidiana.

La perdita di referenzialità nella ripetizione concede una certa elasticità semantica del segno ISIS che difatti è in grado di superare (progettualmente ed empiricamente) tanto la radice qaedista (appunto l'immagine delle due torri) quanto la vocazione statuale che segnava proprio il punto di distacco tra l'organizzazione fondata da Bin Laden e la nuova, che mira a conquistare un territorio. Rispetto al progetto originario, l'ISIS ha inoltre virato su una sorta di mix che, da un lato, tenta di mantenere il possesso dei territori conquistati e, dall'altro, proprio nel momento in cui tale possesso è messo in discussione dalle iniziative di Russia e vari paesi occidentali, mira a estendere il brand rispetto all'obiettivo iniziale e a propagare gli attacchi terroristici in forma sempre più virale e molecolare, specialmente in Europa.

A tal fine è molto utile l'analisi fatta da Fawez A. Gerges nel libro del 2016 *ISIS. A history*. La storia in questo caso diventa uno strumento utilissimo per capire il modo in cui funziona un brand anche perché in un certo senso ogni impresa storica può essere descritta come il frutto di un'organizzazione che si fonda su valori condivisi, il ruolo di una guida o di un leader, una precisa strategia di posizionamento, la capacità di perseguire obiettivi e di comunicare all'interno e all'esterno un senso d'identità e una missione.

Se è vero che i concetti di brand, marketing e comunicazione non sono poi così centrali nella disamina dello studioso, in alcuni casi spiccano per il modo in cui sono stati assorbiti dagli ideologi e dal pubblico, che li hanno trasformati in strumenti di propaganda. È il caso del libro-manifesto *The Management of Savagery*, ovvero il management della ferocia, scritto dal Abu Bakr Naji, che colpisce per la sua capacità di tenere insieme nel titolo l'esigenza di una gestione scientifica e razionale dei processi con quella di scatenare gli istinti più atavici e sanguinari. In primo luogo, i suoi contributi criticano la prospettiva della «jihad difensiva» in favore di quella offensiva, che vuole colpire gli infedeli e i nemici dell'Islam; in secondo luogo, per il teorico salafita, il conflitto dovrebbe coinvolgere allo stesso modo «nemici vicini e lontani» ma soprattutto scagliarsi contro quei politici musulmani «che non applicano la sharia» (p. 36). Inoltre, è importante uccidere impunemente e oltrepassare diremmo noi nichilisticamente «ogni limite», dato che l'eccesso di violenza provoca l'effetto desiderato della «sottomissione».

In questa sorta di machiavellismo degenerato secondo cui la creazione dello Stato Islamico giustificherebbe «ogni fine» – si legge sempre in *Management of Savagery* – si enfatizza la differenza più netta e sistematica tra le precedenti organizzazioni che seguivano una logica di attentati casuali e «ad hoc», e l'insegnamento di Abu Bakr Naji, che offre un «piano d'espansione in tre fasi in cui si può pianificare un'escalation quantitativa e strategica della violenza» al fine di diffondere globalmente la «ferocia e il caos».

Tutti questi aspetti ci aiutano a capire la specificità dell'ISIS in modo differenziale e comparativo, rispetto alle formazioni che la precedono. Nell'ottavo capitolo di *Management of Savagery* si mettono a confronto le due più note organizzazioni terroristiche, sottolineando alcune differenze sostanziali. L'autore ci tiene a sottolineare che «un punto deve essere chiaro: al-Qaeda e ISIS provengono dalla stessa famiglia – il jihadismo salafita – e condividono la medesima visione del mondo» (p. 223) solo che mentre al-Qaeda si contraddistingue per essere un'organizzazione «underground, transnazionale e senza confini, ISIS ha trovato il modo di fondere le comunità locali di sunniti intorno all'idea di uno Stato sunnita». Inoltre, l'ISIS è un gruppo fermamente diretto verso il conflitto sunnita-sciita. Al contrario, al-Qaeda, nonostante condivida la dottrina dello jihadismo salafita, ha spesso ammonito i proprio membri e le sue divisioni a evitare di colpire gli sciiti. In altri termini, l'autore definisce l'ISIS come una generazione post al-Qaeda la cui ossessione per la politica dell'identità differisce drammaticamente dai suoi predecessori (p. 324).

Da un punto di vista comunicativo, inoltre, l'ISIS ha costruito una narrativa intorno alla sua stessa «invincibilità e inarrestabilità» in cui «le azioni parlano più forte delle parole» (p. 232). L'ulteriore deriva verso un'estetica horror-splatter sarebbe giustificata dal fatto che «l'esibizione e la celebrazione della brutalità sono utilizzate non solo per terrorizzare i nemici ma per fare appello a un pubblico sunnita e per ispirare le giovani leve che sono alla ricerca di identità, avventura, sangue e... giustizia per i sunniti addolorati che popolano Iraq, Siria ecc.» (p. 232).

Da un punto di vista strutturale, si possono rilevare ulteriori differenze di contenuti tra i mondi proposti dalle due marche. Anthony Giddens ha evidenziato nel 2009 le differenze sostanziali tra vecchio e nuovo terrorismo (ovvero quello ideologico europeo contro quello qaedista). Secondo il sociologo inglese, il primo sarebbe recintato entro le maglie degli Stati nazionali, dunque in qualche modo anche il prodotto perverso della logica stessa degli Stati-nazione, pertanto esso è «fondamentalmente locale perché le sue ambizioni sono locali». Il nuovo terrorismo invece «persegue degli obiettivi globali e geopolitici... esso mira a ristrutturare la società globale» (pp. 1058-1059). Difatti, rileva il sociologo, esiste una «tensione particolare tra modernismo e anti-modernismo nella visione del mondo di al-Qaeda e di organizzazioni a essa simili, per questo nel tentativo di ristabilire il dominio islamico su larga parte dell'Europa, Medio Oriente e Asia, esse fanno un grande uso della comunicazione moderna» (pp. 1060-1061). Inoltre, un'altra differenza fondamentale sta nella struttura organizzativa che, secondo Giddens, riprendendo le tesi di altri studiosi, può essere paragonata a quella delle ONG, principalmente guidate da una missione, oppure ai network descritti da Manuel Castells nel 2002: «strutture altamente decentrate... con una notevole autonomia delle cellule locali che consente loro di riprodursi senza avere necessariamente una diretta indicazione dal centro». Considerando che il tipo di organizzazione decentrata e a rete fu pensata da Paul Baran (Flichy 2007, p. 43) per rispondere con maggiore flessibilità a eventuali attacchi sovietici che in tal modo, non potendo colpire un unico centro direzionale, avrebbero avuto maggiore difficoltà a distruggere il sistema difensivo americano, l'evoluzione del nuovo terrorismo rappresenta una vera e propria nemesi del progresso tecnologico e organizzativo del conflitto.

L'innovazione dell'ISIS rispetto ad al-Qaeda è controversa: da un lato, difatti, tra i due c'è una discontinuità in parte programmatica ma sostanzialmente potremmo dire di immagine e posizionamento; dall'altro, c'è una sostanziale continuità. Come nella logica dei new media in cui a ogni fase di innovazione occorrerebbe aggiungere un «new», così nella logica del terrorismo globale bisognerebbe riconoscere come innovativa qualsiasi evoluzione, anche se poi nella sostanza delle cose e nella percezione del cittadino comune tali differenze s'assottigliano fino a diventare irrilevanti.

L'ISIS pertanto è il tentativo di rilanciare, diversificandolo, un prodotto usurato dalle vicende storiche come quello di al-Qaeda. Un nuovo ciclo di vita che, seppur aderendo a un medesimo retaggio culturale, innova anche nell'offerta. Rispetto all'analisi di Giddens difatti, l'ISIS è da un lato meno cellulare-policentrico e più centralizzato – potremmo dunque dire moderno nella logica del vecchio terrorismo, che addirittura mira a edificare un'entità statuale – e dall'altro è estremamente più post-fordista e disarticolato di al-Qaeda, spingendosi a livelli inauditi di customizzazione del suo messaggio, fino a coinvolgere, anche grazie all'uso del Web 2.0, il singolo individuo, non necessariamente collegato ai luoghi in cui tradizionalmente si fa proselitismo.

Per quanto riguarda invece la «tensione» che Giddens riferisce ad al-Qaeda tra modernità e antimodernità, essa raggiunge un livello estremo e quasi bipolare: l'ISIS è un'organizzazione che vuole precipitare il mondo nel medioevo, ma che lo fa – a detta di Arjun Appadurai – usando metodi iper-moderni (Cancellato 27/7/2016), non solo per le modalità d'azione che a detta di Roy (27/11/2015) ricordano i videogiochi sparatutto, ma anche, come si vedrà, nello stile di vita altamente contemporaneo dei *foreign fighter* e, ovviamente, nell'uso ben più sperimentale e professionale delle tecnologie di comunicazione. Come ha opportunamente sottolineato Kwame Anthony Appiah, in *Cosmopolitismo*, «ciò che distingue i neofondamentalisti, violenti o no, è il fatto che potenzialmente prefigurano un sorta di etica universale la quale rovescia l'immagine del cosmopolitismo» (p. 142).

L'incredibile grado di penetrazione del dispositivo del brand nella nostra cultura non rappresenta solo un fatto accessorio, ma è uno degli agenti di trasformazione del mercato, della cultura, delle identità sociali e degli assetti cognitivi di milioni di consumatori. Quando si parla di brand equity, in accordo con lo stesso Kapferer (2008), le due dimensioni principali che misurano questo concetto sono quella finanziaria e quella relazionale. La prima misura banalmente il valore monetario del brand, mentre la seconda è basata sulla centralità del consumatore e «sulla relazione che i consumatori tengono con la marca (dalla totale indifferenza all'affezione, alla lealtà fino al desiderio di comprare e ricomprare...)». Sempre Kapferer suggerisce un modello per la comprensione delle marche in generale ma che in parte possiamo estendere all'analisi del brand ISIS in particolare. Si tratta del modello della brand personality che attribuisce alla marca caratteristiche della personalità umana e che pertanto utilizza delle scale psicologiche per misurare tali attributi. Recuperando numerose riflessioni sul concetto di personalità da Freud a Allport, lo studioso, nel lavoro con Azoulay del 2003, giunge a discutere il modello OCEAN che include cinque dimensioni, la prima delle quali, la più positiva è l'apertura, mentre l'ultima, la più negativa, è la nevrosi. Tralasciando il resto del ragionamento che conduce all'elaborazione del famoso prisma dell'identità di marca, la questione qui discussa risulta di particolare interesse se confrontata con l'incipit del film del 2003 *The Corporation*, di Marc Achbar e Jennifer Abbot in cui le scale psicologiche che misurano i tratti della personalità umana, applicate ai brand posseduti dalle grandi corporation americane, determinano tutte un'unica sentenza: se la corporation fosse una persona reale, sarebbe uno psicopatico. Al contrario, dal punto di vista del pubblico occidentale, non serve alcuna attività di svelamento per mostrare l'essenza del brand ISIS, che è volutamente incline alla psicopatia.

Se nel mondo molti analisti hanno provato a spiegare i motivi per cui anche il terrore ha bisogno di promuoversi come se fosse una marca, in Italia uno dei pochi contributi su questa linea è quello di Bruno Ballardini del 2015. Nonostante il grande merito di aver in qualche modo tracciato un solco per la riflessione futura, il testo stenta a cogliere l'aspetto centrale del problema proprio perché fa riferimento a un concetto di branding relativamente obsoleto e a una definizione di propaganda che, seppur plausibile nella fattispecie esaminata, è anch'essa troppo legata a modelli passati come quello dei totalitarismi europei e pertanto non riesce a cogliere le possibili linee di sviluppo del branding contemporaneo che vanno nella direzione della modularità e del lavoro cognitivo del consumatore.

La sociologia critica dei sistemi di branding globale ha affrontato tale questione. Per esempio, Adam Arvidsson nel suo testo del 2005 parla di *surplus etico* per indicare quell'insieme complesso di relazioni sociali, significati condivisi e coinvolgimento emozionale che circonda la marca e che può essere inteso come la «base diretta del suo valore economico» (p. 237). Per l'autore, il modo in cui comunicano le marche dell'epoca postfordista, tra cui possiamo inserire anche l'ISIS, è ben diverso dai vecchi metodi della fase fordista.

Nel mio libro *Brand new world* del 2009 rifletto appunto su quattro fasi attraverso cui s'articola l'evoluzione dei brand globali: accoglienza, diffusione, profusione e diluizione. La prima ha inizio nella seconda metà dell'Ottocento, quando i luoghi delle metropoli europee si preparavano ad «accogliere» i nuovi prodotti, le marche e gli stili di vita dell'allora nascente sistema dei consumi; l'epoca della diffusione è invece supportata dall'organizzazione scientifica del fordismo-taylorismo e dall'avvento dei consumi di massa; nella profusione emerge il potere simbolico ammaliante delle marche che, sacrificando anche la funzione del prodotto, si trasformano in powerful brand; la diluizione indica invece il processo in cui la marca, divenuta ormai sistema cognitivo, s'estende sulla vita quotidiana, incorporando le esperienze stesse dei consumatori con cui mira a instaurare un dialogo e una relazione sempre più «orizzontale» e democratica. Come nel caso della campagna Microsoft Y*our Potential. Our Passion*, che racconta in maniera esemplare la trasformazione delle marche globali sempre più affamate di vita quotidiana. Nella prima serie di spot si vedono i vari protagonisti muoversi nella doppia dimensione della vita e del sogno. La prima è dipinta con il linguaggio fotografico che ci offre uno squarcio sulla loro esperienza di ogni giorno, la seconda è realizzata con un effetto di post-produzione che imita il segno graffiato e infantile di un pennarello sovraimpresso. Il messaggio è semplice ma efficace: «Microsoft interviene sulla distanza tra il presente e il futuro, tra ciò che si è ora in potenza e ciò che si sarà poi in atto».

Nella fase della diluzione l'esperienza del consumatore diventa la risorsa più importante per i brand globali, attraverso cui possono creare innovazione di prodotto e di contenuto. Dunque il consumo può essere considerato un'attività che produce valore; del resto, i concetti marxiani di General Intellect (Virno 2001, Arvidsson 2005) e di finish del consumatore (Abruzzese 1973) alludono esattamente allo sfondo di conoscenze che trasformano il consumatore in produttore e che vengono utilizzate e sussunte dal capitale, che incentiva il completamento da parte del consumatore del prodotto finale in una vera e propria «rifinitura» simbolica. Come l'estensione dei brand del mercato sull'esperienza dei consumatori mira a incorporare quest'ultima come contenuto e risorsa utilizzabile nei processi di innovazione e di comunicazione, così anche nel caso dei brand del terrore la medesima estensione sulla vita dei «radicalizzati» e delle stesse vittime fa in modo che questi partecipino al mondo della marca e completino la sua narrazione tramite i propri spaccati biografici, amplificati e narrativizzati dai media.

Nel caso dell'ISIS, sia il brand che il prodotto hanno assolutamente bisogno di questa partecipazione del pubblico, sia di quello radicalizzato orientale, sia di quello «oscillante» occidentale, sia di quello del tutto non allineato orientale e occidentale. Innanzitutto, e molto più dei brand commerciali, ISIS ha la capacità di sollecitare l'attenzione e il coinvolgimento dei suoi pubblici. In primo luogo, perché le sue attività interessano, anche se remotamente in accordo con la statistica, la vita e la morte di chiunque, dei suoi amici e dei suoi parenti. Per questo motivo a partire dagli attentati di novembre a Parigi, anche Facebook è subentrata in tale dinamica relazionale segnalando il fatto che i «tuoi amici» che vivono a Parigi stanno bene. Questo forse perché pochi brand sono in grado di gestire, anche solo occasionalmente, un valore tanto elevato quanto quello della vita umana. I luoghi in cui si svolgono gli attentati sono poi esattamente quelli della vita quotidiana, che rappresentano da un punto di vista fenomenologico la vera realtà, ovvero ciò che è percepito dalla persona comune come il livello più concreto, profondo e consistente della sua esperienza di vita. Infine, se è vero che i combattenti ISIS a differenza dei guerrieri antichi e tribali non accrescono la propria forza e notorietà tramite l'accumulo dei morti, ciò avviene a un livello più elevato: il brand ISIS si nutre della paura disseminata tra il pubblico globale, osserva gli effetti dei suoi attentati sull'opinione pubblica per acquisire maggiore potere simbolico ma anche per ideare nuovi prodotti sempre identici nella loro produzione quasi-seriale, ma sempre diversi nei protagonisti, nei modi e nei luoghi d'esecuzione.

Questa funzione di partecipazione, di completamento del pubblico all'immagine e all'identità del brand è stata studiata da numerosi semiologi, alcuni dei quali hanno definito la marca come «progetto collettivo» e «proposizione aperta» (Semprini 1996), nel senso che il pubblico partecipa appunto alla definizione della marca e in qualche modo ci mette del suo nel processo di costruzione di un brand. Nel caso dell'ISIS quest'aspetto è forse ancor più marcato, essendo l'immagine del brand il prodotto non dei piaceri e dei desideri, ma delle paure più recondite, incontrollate e irrazionali di ciascun suo conoscitore.

Grazie al processo di digitalizzazione si parla molto oggi di UGC, user generated content, ovvero contenuti direttamente generati dall'utente. Nel caso dell'ISIS si può invece parlare di una forma molto avanzata di open design, che sfrutta la partecipazione assolutamente indesiderata delle vittime degli attentanti, come anche il completamento da parte del pubblico più esteso, per riprodurre il suo contenuto simbolico atroce e delirante. La logica dello user generated content può essere estesa al mondo delle marche e assumere la forma dello UGB, ovvero user generated brand: un brand direttamente generato dall'esperienza e dalla percezione dei suoi «utenti» o più tristemente delle sue vittime. Il completamento della marca difatti non è eseguito solo dalle persone ma anche dai media, che si inseriscono attivamente in tale circuito per drammatizzare ancor di più le storie di vita, come per esempio il racconto dei due italiani, da poche settimane in pensione, falcidiati sul Boulevard des Anglais a Nizza.

Nel caso dell'ISIS, lo UGB non riguarda solo le vittime innocenti e involontarie di tale tragedia ma anche l'insieme di soggetti che ho definito «oscillanti»: quelli sospesi tra l'impossibilità di entrare nell'Occidente e l'impossibilità di tornare alle proprie effettive radici. A costoro, in quanto soggetti deboli, non del tutto integri mentalmente e moralmente, è rivolto il messaggio di radicalizzazione dell'ISIS, sempre alla ricerca di nuovi adepti che siano *foreign fighter* o lupi solitari. In entrambi i casi possiamo rilevare una deformata logica del selfbranding (Barile 2009), anche questa propria del nuovo social media marketing. Finalmente costoro escono da una situazione d'isolamento e di anonimato (più nel caso dei lupi solitari) e di ambiguità interstiziale (nel caso dei *foreign fighter*), grazie all'arruolamento nelle fila dell'organizzazione e alla possibilità di vivere un'esperienza unica, dietro la promessa di diversi benefit. Anch'essi partecipano alla costruzione dal basso del brand, tramite il proprio coinvolgimento e la messa a disposizione delle proprie storie di vita che diventano merce preziosa per il sistema dei media. È però errato chiamare tale modalità tramite la formula inglese del franchising, come da tempo fanno parecchi opinionisti, giornalisti, studiosi ecc. Il franchising è per definizione «il rapporto che si instaura quando un business franchisor offre una relazione esclusiva di diritti a un franchisee per l'utilizzo del nome di un brand aziendale con specifiche caratteristiche geografiche o altri segmenti. McDonald's è probabilmente il più noto esempio di franchising: queste tipologie di business sono strettamente regolate dalle aziende che in tal modo si assicurano che i valori del brand rimangano intatti (Kapferer 2008, p. 495).

Il modello organizzativo di ISIS più che al tradizionale franchising può essere equiparato alle innovazioni della sharing economy, da BlaBlaCar a Uberpop. Un coinvolgimento dal basso e molecolare che mette a disposizione del brand del terrore la mente e il corpo del futuro omicida, in una forma di sfruttamento psicosomatico ed emozionale che supera di gran lunga le teorie sullo sfruttamento dei nuovi prosumer da parte del capitalismo cognitivo (dal General Intellect di Marx alle più recenti sul post-fordismo).

È pertanto possibile applicare tale modello non solo alla relazione tra nuovi consumatori «multi-identitari» e sistema dei brand globali (Barile 2009), ma anche al rapporto tra cittadini e istituzioni politiche di riferimenti (Europa, nazioni, città) dal momento che tali enti sono percepiti dal cittadino-utente-consumatore sempre più come brand (Anholt 2007; Rolando 2014). Il branding del terrore non è un processo indipendente ma s'appoggia e sfrutta in modo parassitario le altre forme di branding territoriale, come quelle che hanno reso celebri le grandi metropoli del mondo, e le usa come casse di risonanza in negativo. Ovvero trasformando il loro entusiasta storytelling nell'arredo di un incubo. Se normalmente il meccanismo del branding serve a semplificare, edulcorare, eufemizzare una determinata realtà, per renderla appetibile dal punto di vista del pubblico, il branding del terrore esaspera il male per esportare a Occidente la sindrome di Israele e trasformare le nostre comode esistenze urbane in percorsi allarmati e ansiogeni.

Dunque il paradosso dell'evoluzione del brand sta nel fatto che fino a qualche anno fa si parlava di centralità della biopolitica, delle dimensioni del corpo e dell'esperienza del consumatore nella costruzione dei progetti delle marche. Oggi, nel caso dell'evoluzione nei termini di brand communication delle marche del terrore, le stesse dimensioni diventano il perno su cui fa leva l'azione di queste organizzazioni, ma non nei termini simbolici e cognitivi del nuovo marketing quanto piuttosto nei termini fisici di un coinvolgimento che passa per i corpi e si nutre di esperienze effettive. Alla stregua dei brand globali pacifici e sorridenti, che spesso celano anch'essi il proprio lato oscuro, qui il lato oscuro è l'identità stessa della marca: un moloch che si espande fagocitando corpi, emozioni ed esperienze. In estrema sintesi, se al-Qaeda era un brand glocale che nasceva da un determinato contesto per espandersi verso una dimensione global, ISIS è sin dagli albori un brand cognitivo che, sebbene nasca per consolidare il potere in una precisa regione del Medio Oriente, dimostra una capacità di attivazione e di intervento nella molteplicità dei territori che oggi si suole definire «multilocale».

Identità «oscillanti» tra anomia e radicalizzazione

In *Potere e sopravvivenza* Elias Canetti offre una rassegna significativa di varie tipologie di combattente, non solo nei paesi occidentali ma anche in diverse culture native, che ha principalmente il compito di uccidere e sopravvivere al confronto. Premessa non solo funzionale all'aspetto pratico – se muore non può continuare a combattere – ma anche a quello simbolico. La morte dell'altro accresce di potenza il combattente, e l'elevato numero di nemici uccisi lo rende quasi invincibile. L'accumulo di cadaveri rende il combattente un eroe.

> «Raccogliere» [*Sammelen*] va qui inteso alla lettera. È come se le vittorie entrassero nel corpo del vincitore e vi rimanessero a sua disposizione. Noi non riusciamo più a concepire questo processo... e tuttavia la sua sotterranea efficacia sopravvive indiscutibilmente (Canetti 1979, p. 16).

Per Canetti non solo gli occidentali ma anche culture che alcuni «con qualche imprecisione chiamano primitive» (p. 16) insistono su una forza che determina il valore in battaglia. Come per esempio il mana che per alcune tribù delle isole Marchesi indica «una sorta di potere soprannaturale e impersonale, che può passare da un uomo all'altro» (p. 17). L'effetto dell'uccisione del nemico sul «sopravvivente» è l'accrescimento del suo mana che al contempo lo rende «capace di nuove vittorie» (p. 18).

Lo stesso avviene nella descrizione di altri miti di culture più vicine a noi, come quella delle isole Figi, in cui la reputazione è offerta dall'accumulo di cadaveri degli avversari (per esempio nel mito del giovane che torna al villaggio del padre e lo difende dai suoi numerosi nemici). Tuttavia questa caratteristica dell'eroe scompare nelle società complesse, o meglio è irregimentata in un'organizzazione che mira a dividere il lavoro dell'uccisione e a convogliare la reputazione verso un capo che presiede, pianifica e indirizza l'azione bellica. La conta dei cadaveri diventa così un computo astratto che in qualche modo viene contabilizzato da parte dei due fronti combattenti. Difatti «egli è sottratto alla lotta diretta: può anche darsi che non gli capiti di uccidere neanche un nemico. Ma gli altri che sono ai suoi ordini ci pensano per lui» (p. 23).

Le note di Canetti sul combattente, l'eroe e il comandante, ovvero sui protagonisti di una concezione classica del conflitto, si direbbe oggi «simmetrica», ci aiutano anche a capire per differenza la specificità dei conflitti asimmetrici di cui questo nuovo terrorismo rappresenta l'esempio più allarmante. Posta una dovuta differenza tra impiego di guerrieri autoctoni, lupi solitari e *foreign fighter* in azioni propriamente belliche come in Siria o in Libia, e il loro utilizzo in Europa o USA, la reputazione del combattente non passa più per il numero delle vittime e non serve affatto a diffondere terrore tra i nemici. Essa passa per un gesto esemplare che nella maggior parte dei casi viene celebrato dai parenti e dalla comunità da cui provengono gli attentatori, che si occupano di custodire le vestigia del martire, lo celebrano con candele, espongono in pubblico le sue foto ecc. (Belpoliti 2016). Sul fronte opposto, quello degli occidentali, gli attentatori restano dei perfetti sconosciuti o delle meteore i cui nomi verranno rimossi dalla memoria collettiva nel giro di poche ore. Per questo Marco Belpoliti s'interroga sulle identità dei combattenti.

> Qualcuno ricorda il nome di Ahmad Al Mohammad, il suo viso, appena incorniciato da una barba rada, il bel volto di ragazzo? E Bifal Hadf, vent'anni, cappelli ricci e radi peli sul mento, chi è? E Mohammed Al Mahmoud, faccia triste nella foto, ma così giovane anche lui? E ancora: chi sa qualcosa di Ibrahim Abdeslam, trentenne francese, barbetta e occhi scuri? O di Salah Abdeslam, volto tondo, sguardo ambiguo, di 26 anni? E infine chi conosce Abdelhamid Abaaoud, il più sbarazzino di tutti, sorridente, cappello di cotone in testa, quasi un rapper? Se non li ricordate: i primi tre sono quelli che si sono fatti esplodere vicino allo stadio; degli altri tre: uno si è fatto esplodere a Boulevard Voltaire, uno è scappato ed è stato preso, il terzo è stato ucciso

> in un blitz a St Denis... In poco tempo anche i nomi degli uomini che spingevano il carrello all'aeroporto di Bruxelles, quelli con il guanto, sono stati identificati (Belpoliti 2016).

Nel caso dell'impiego in guerriglia perché le azioni sono troppo lontane e anche per via della regola d'oro che indica come il numero di morti non occidentali sia sempre e in dovute proporzioni inferiore a quello degli occidentali (almeno dal punto di vista degli occidentali). Nel caso dell'impiego nell'azione terroristica in Europa o negli Stati Uniti la percezione della gravità dell'attentato è dovuta a molteplici altre variabili situazionali e simboliche, che producono una gerarchia variabile del peso di ogni azione sull'immaginario collettivo. Rispetto ad essi il ruolo dell'attentatore è secondario. Nonostante l'attesa alla fine dell'evento mortifero della rivendicazione dell'ISIS, nonostante i rituali d'affiliazione dei terroristi, nonostante i video che filmano la brutalità dell'evento, oppure la fuga che consente di dilatare il valore di quel singolo personaggio e dei suoi complici per il lasso di tempo di qualche giorno, il nome dell'attentatore svanisce nel rumore di fondo dei media, spesso surclassato dalla numerosità degli attacchi, la cui moltiplicazione ottiene il classico paradosso di una svalutazione del peso relativo di ogni attacco.

Ovviamente tutto questo discorso vale perché è fatto da un occidentale rispetto alla percezione del pubblico occidentale (ma non solo). Il compito dell'eroe però non è solo quello di rinsaldare le fila dei propri compagni e di motivarli nella battaglia – la fiducia di cui parla Canetti (p. 22) – ma anche quello di disseminare il terrore negli occhi dei nemici alla sola notizia del suo arrivo. Questo vale per la figura dell'eroe classico, ma anche per il comandante delle organizzazioni complesse nella gestione del potere giacché il «terrore che esso deve suscitare e del quale propriamente consiste, dipende dalla quantità delle vittime» (p. 24). Inoltre, il terrore che si diffonde tra le «fila» del nemico non è più dovuto al nome di un personaggio eroico e/o eccezionale, ma alle modalità stesse di esecuzione dell'attacco, alla sua imprevedibilità, capillarità e/o crudeltà.

Certo, nel caso di al-Qaeda forse si era ancora in un certo senso in una dimensione eroica, in cui il nome dell'attentatore riusciva a perdurare nell'immaginario globale per più di un decennio. In primo luogo per via del numero incredibile dei morti, ma anche per via dell'astuzia nella pianificazione logistica – che in quel caso diventa mezzo e non solo arma – e per le sue peculiarità simboliche quasi archetipiche. Anche la cattura e la non chiarissima morte di Osama Bin Laden rientrano nel medesimo modello. Che, nonostante la malvagità e il risentimento, rievocava anche nei pubblici occidentali un'immagine simile a quella dell'eroe romantico o dell'impenitente rivoluzionario (quasi a metà tra Sandokan e Che Guevara). La moltiplicazione degli attentati attraverso una logica DIY (do it yourself) ha quasi del tutto vanificato l'ambizione degli attentatori di rimanere nella storia. Se gli eroi scompaiono, anche i comandanti non spiccano più come prima. L'immagine di Al Baghdadi è molto meno autorevole, carismatica ma anche inquietante di quella dei suoi predecessori. Comunica un'indole molto più pratica e meno ieratica. È punto di riferimento quasi assoluto di un'organizzazione che non conta altri rinomati ambasciatori o famosi luogotenenti. Questo forse perché nel frattempo si è passati dalla potenza evocativa di una sigla terroristica come al-Qaeda a quella ancor più globalizzata del brand ISIS. In questo conflitto altamente mediatizzato la reputazione del combattente non si misura in base a criteri tradizionali ma a parametri del tutto innovativi, quali lo stile di vita, a conferma dell'idea che, nonostante la vulgata neoarcaista e comunitaria che lo sostiene, l'ISIS sia a ben vedere un'organizzazione iper-moderna (Appadurai in Cancellato 27/7/2016).

Islamizzazione del radicalismo

Con l'aumento della frequenza e dell'intensità degli attentati in Occidente, le analisi dei media si sono spostate da un livello geopolitico – troppo distante, contorto e inestricabile – a un livello psicologico se non addirittura psichiatrico per il fatto che, nonostante la maggiore «morbidezza» epistemologica della disciplina, sembra da un lato offrire spiegazioni più plausibili e comprensibili per un pubblico di non addetti ai lavori, dall'altro consente di attenuare la pressione sul dibattito politico tra l'interventismo populista e il sostanziale impasse dei partiti di governo. Questo perché, se davvero si trattasse semplicemente di squilibrati, allora sarebbe più facile indicare altri sistemi di concause e al contempo sviare l'attenzione dell'opinione pubblica dalla questione chiave del rapporto tra terroristi e islam moderato.

Seppur di indubbio interesse, la traccia psichiatrica o sociopatologica è solo una delle possibili chiavi di lettura di una condizione esistenziale propedeutica all'ingaggio dell'attentatore. In questo paragrafo proverò a ridefinire il problema partendo da categorie socioantropologiche in grado di spiegare in primo luogo il rapporto di disidentificazione del terrorista dai valori e dal sistema identitario del paese occidentale in cui vive; in secondo luogo il processo di re-identificazione nel brand della formazione terroristica che si presenta con un posizionamento antagonista, nel senso che ribalta drasticamente tutti i valori che strutturano l'identità di provenienza (della Francia, dell'Europa, dell'Occidente).

Questa premessa ci consente di applicare allo studio della devianza terroristica alcuni modelli comunemente utilizzati nella sociologia e nell'antropologia. Il primo e decisamente il più classico è il concetto di anomia, elaborato prima da Emile Durkheim e poi da Robert Merton. Se per il primo l'anomia è una «condizione di relativa assenza di norme in una società o in un gruppo sociale» ovvero una «proprietà della struttura sociale e non degli individui» (Merton 1968, p. 260), per il secondo è un «composto di elementi soggettivi e oggettivi» (p. 267). L'anomia per il grande sociologo americano rappresenta uno stadio di scollamento del soggetto dai valori che costituiscono il sistema sociale, soprattutto nel momento in cui quest'ultimo indica i fini ma non mette a disposizione i mezzi per perseguirli. La causa di tale disturbo è infatti «il conflitto che si instaura fra le mete culturali e le possibilità di usare i mezzi istituzionali, qualunque sia il carattere delle mete» (p. 268). Il soggetto anomico pertanto soffre di una sorta di senso di colpa indefinito dato che, nonostante sappia cosa sia giusto fare, non può farlo perché non dispone dei mezzi adatti.

Di particolare interesse il modo in cui Merton applica tale categoria alla spinta verso il successo che è tipica della cultura americana. Dalla «stampa» ai banchi di scuola, alla «socializzazione spontanea», si conferisce grande importanza «all'obbligo morale di lottare per il successo economico e alle possibilità pratiche di conseguirlo» (p. 270). L'enfasi sulla carriera e sul successo «costringe a un pedaggio psichico non indifferente coloro che non ne sono all'altezza» (p. 272). Da un lato si presenta pertanto la possibilità di barare, ovvero di escogitare mezzi non concessi dal sistema istituzionale, dall'altro invece si ha un processo di «demoralizzazione» (p. 73) in cui le norme non riescono più a regolare il comportamento.

Tale discorso è molto vicino a un altro modello classico della sociologia, ovvero il teorema di Thomas, detto anche la «profezia che s'autoadempie» con cui lo stesso Merton è in grado di spiegare la meccanica del pregiudizio e della discriminazione. Il teorema difatti afferma che «se gli uomini definiscono certe situazioni come reali, esse sono reali nelle conseguenze» (p. 677). Sostenendo per esempio che «i negri venuti di recente dal meridione non industriale... non hanno nessuna esperienza della contrattazione collettiva» (pp. 681-682) e sono disposti «ad accettare un salario minore», politici e sindacalisti provocano una serie di conseguenze che rendono «difficile, se non impossibile» evitare il ruolo di crumiri, ovvero integrarsi a pieno nelle dinamiche della contrattazione collettiva del lavoro.

Ritroviamo quasi intatti i due concetti di anomia e profezia che si autoadempie nei resoconti dei giornalisti o degli analisti quando tentano di spiegare la reazione psicologica del terrorista come frutto di una mancata introiezione dei valori su cui si fonda la nazione, l'Europa o l'intero Occidente. All'anomia subentra la profezia che s'autoadempie talché la mancata integrazione del soggetto problematico viene (potenzialmente) riprodotta su larga scala e determina un effetto d'amplificazione del fenomeno. Il legame tanto discusso dai media tra i processi di immigrazione e i fenomeni terroristici ne rappresenta una chiara applicazione. L'immigrato è rappresentato come «anomico» per definizione, vista la sua impossibilità d'integrarsi nella struttura morale e nello stile di vita della cultura che lo ospita. La sua non aderenza a tale sistema di valori lo spinge alla ricerca di valori altri che lo riconciliano con la sua comunità (vera, presunta o immaginata). Lo scollamento tra il sistema di valori della cultura ospitante e quello della comunità d'appartenenza può raggiungere livelli di totale incompatibilità tali da sfociare in fenomeni di conflitto culturale o di vera e propria violenza. Ovviamente, la cosa non riguarda il solo Occidente ma anche alcune barriere culturali che caratterizzano il mondo arabo, in cui «la professione d'ingegnere espone nei paesi mediorientali a una serie di frustrazioni professionali ed economiche molto alte, dal momento che questo tipo di studi sono prestigiosi e impegnativi, e le aspettative di chi li intraprende alte; le frustrazioni subite produrrebbero perciò aggressività, risentimento, rancore, e faciliterebbero l'adesione ai gruppi terroristici» come anche l'ossessione per la «tecnica, stimolata da impulsi di sapore nichilista» (Belpoliti 2016; Marone 2013).

Qualcosa di simile avviene anche per chi, nonostante l'appartenenza etnica, è a tutti gli effetti un cittadino europeo. Mi riferisco ai figli di coppie miste e agli immigrati di seconda generazione che, seppur integrati formalmente nella struttura sociale, si sentono allo stesso modo disintegrati praticamente, dato che il sistema non offre loro alcun altro strumento d'integrazione se non il consumo. Tuttavia anche i convertiti possono seguire una simile traiettoria, cercando la soluzione estrema come prova definitiva dell'autenticità del proprio percorso di conversione.

> Il giovane sperimenta l'insignificanza sociale, non trova alcunché che offra tratti distintivi, rinuncia alla propria individualità, vive l'incertezza e la mancanza di fiducia in un sistema che diluisce gli attori sociali in una totalità di uguali, privi di speranza, che non trovano un lavoro rispondente alla loro formazione, che vedono aumentare disuguaglianze e nuove povertà, in Europa e nei Paesi della cosiddetta Primavera araba (Federici 2016, p. 16).

La situazione di anomia dei soggetti che oscillano tra due orientamenti valoriali contrastanti se non antitetici (quello della comunità di riferimento e quello della società d'approdo) è descritto in termini sociologici da Maria Caterina Federici come l'*humus* su cui si può facilmente innestare la propaganda jihadista, per proporre soluzioni tanto drastiche quanto definitive. Tuttavia tale propaganda è ben lungi dal proporre un modello totalmente alternativo ai giovani; anzi, come si è visto nella specificità dell'ISIS, il fattore di innovazione, che in qualche modo flirta con gli stili di vita che intende distruggere, è fondamentale. Pertanto, i combattenti in cui andrebbero a trasformarsi i giovani «oscillanti» per colpa della condizione anomica in cui versano, sono ancor più collusi con le immagini e gli stili della società dei consumi. Essi sono «percepiti come idoli pop in un marketing terrorista che usa tecniche simili a quelle dei predatori sessuali: distrae, isola dal gruppo e alla fine ingloba, fa proselitismo, offre una prospettiva avventurosa e affascinante, offre a loro di diventare eroi» (p. 15).

Il consumo, come è stato già evidenziato altrove, e i paesaggi ammalianti delle marche tendono a includere ma al contempo a escludere grandi fette di consumatori (Barile 2009; Codeluppi 2001). Per tale motivo anche il figlio di immigrati di seconda generazione può sentirsi tradito dal fatto di non avere i mezzi, ma solo le promesse, per integrarsi «materialmente» nella cultura in cui è nato, e pertanto tenta di fuggire nella ricostruzione di una «comunità immaginata» (Anderson 2009; Appadurai 2001), in cui si sente finalmente a suo agio. Dunque la logica del consumo attraversa le tre fasi nel percorso esistenziale dei futuri combattenti:

1. innesca e acuisce il senso di anomia, perché gli unici mezzi d'integrazione sono oggetti di consumo;
2. rende desiderabile un modello alternativo che tuttavia continua a copulare con le estetiche «pop» e del consumo di massa,
3. consente al giovane disintegrato o disadattato di desiderare una nuova identità ma insieme a una sorta di lasciapassare d'eccezione rispetto alle restrizioni imposte dalla sharia.

Ciò che si suol definire come propaganda dell'ISIS attacca queste identità oscillanti, incanalandole in un percorso di transizione. Come ha ben notato David Lyon nel 2002, «i sé post-moderni vengono costruiti in modi diversi ma complementari... soprattutto per i giovani è il risultato di scelte consumistiche in cui simboli come griffe e loghi... sono ossessivamente presenti...» (p. 101).

Il tanto discusso quanto apprezzato articolo di Oliver Roy del 27 novembre 2015 ha provato a fare il punto sulla questione. In esso si propongono categorie nette e ben distinte che tentano di classificare il fenomeno del radicalismo come un processo che, almeno fino al suo acme, si svolge indipendentemente dall'azione d'influenza dell'integralismo islamico. Per lo studioso francese le due categorie problematiche, soggette alla propaganda e al proselitismo degli estremisti, sono gli immigrati di seconda generazione (non di prima o di terza) e i convertiti, che al momento rappresentano il 25% degli arruolati nella jihad. Queste due categorie hanno in comune diversi aspetti. In primo luogo, sarebbero interpreti di una «rivolta generazionale» questo perché entrambi hanno «rotto i ponti con i loro genitori e con tutto ciò che rappresentano in termini di cultura e religione». Inoltre, condividono altri aspetti in comune che oggi definiremmo lifestyle. La centralità della questione consumo nel processo di formazione delle giovani leve della jihad introduce implicitamente l'argomento della sottocultura che discuteremo meglio più avanti.

> I francesi di seconda generazione non aderiscono all'Islam dei loro genitori. Sono occidentalizzati e parlano francese perfettamente. Hanno condiviso la cultura giovanile della loro generazione, hanno bevuto alcol, fumato hashish, rimorchiato ragazze. Molti di loro sono stati almeno una volta in prigione, e poi un bel mattino si sono (ri)convertiti scegliendo l'islam salafita, ovvero un islam che rifiuta il concetto di cultura, un islam della regola che gli permette di ricostruirsi da sé. Non vogliono la cultura dei genitori e nemmeno una cultura "occidentale", che ormai è il simbolo del loro odio verso se stessi (Roy 27/11/2015).

L'odio verso se stessi, o meglio verso l'Occidente che li abita attraverso la forma del consumo, è una delle chiavi di lettura più significative di questa analisi. Proprio perché essa ci consente di mettere a sistema l'anomia normativa, la dipendenza dal consumo e la crisi d'identità. Tuttavia, come già detto all'inizio, non è possibile considerare nichilista la deriva umana e sociale che essi intraprendono, semmai è un tentativo di risposta al nichilismo che, sebbene alla ricerca di un ancoraggio a un sistema di valori atavico, acuisce la sostanziale instabilità di tali soggetti.

Oltre alle due letture dominanti di cui parla Roy – quella «culturalista» che insiste sulla guerra di civiltà e quella «post-coloniale» che sposa talvolta solo opportunisticamente la causa palestinese – spunta dunque una terza lettura che qui si vuol sviluppare: la radicalizzazione come risposta di una psicologia debole e altalenante nei confronti degli agi offerti dal sistema globale del consumo. Lo stesso autore difatti si chiede: «se le cause della radicalizzazione sono strutturali», ovvero basate sulle due ipotesi sopra indicate, «perché essa colpisce solo una parte minima e molto circoscritta dei musulmani francesi?». Una risposta a tale quesito potrebbe essere il fatto che una modesta avanguardia di giovani, rispetto a una più generale moltitudine di soggetti che prova il medesimo «disagio», trova una risposta di uscita, una vera e propria exit strategy nel discorso religioso, nella violenza distruttiva e catartica e nel patentino concesso come risposta identitaria al disagio, ma anche come libertà (quasi) incondizionata d'agire nel modo più nefasto possibile. In questo senso tali giovani sono nichilisti: non perché inseguono la bella morte degli anarchici tra Ottocento e Novecento, come molti sostengono, ma semplicemente perché portano avanti il progetto tutto sommato moderno dell'oltrepassamento di ogni limite. Un progetto che altrove ho definito neototalitario (Barile 2008) perché nella utopia/distopia d'instaurazione d'un regime teocratico globalizzato essi continuano a vivere sullo spartiacque tra le due culture, avvantaggiandosi spesso dei privilegi offerti dall'una e dall'altra. Avrebbe pertanto ragione Roy a definire questi giovani come interpreti di una violenza «moderna», ovvero seriale come i videogiochi sparatutto a cui somigliano anche gli eccidi americani o l'attentato psicopolitologico di Andres Breivik. Tuttavia in questo caso le modalità d'azione sono talmente diverse da non poter costituire un paradigma o una firma. Lo stragismo si combina con l'omicidio rituale (come quello del prete francese), insieme a numerose iniziative DIY, che appunto sfruttano il pressappochismo e l'amatorialità per mettere in scacco ogni possibile senso di sicurezza della cittadinanza. Essi inoltre aderiscono a una religione definita dallo studioso come «pura», ovvero senza compromessi, senza essere il frutto di una negoziazione con le esigenze pratiche e mondane, con l'etica e le leggi degli Stati occidentali ecc. Questo ideale di purezza in effetti rappresenta un valore aggiunto per soggetti più o meno problematici che stanno vivendo una fase di transizione esistenziale, ai quali mancano coordinate di riferimento, essendo schiacciati tra le due alternative polarizzate dell'abbandono ai piaceri e ai vizi mondani – che consente un minimo di integrazione – e del suo rifiuto intransigente alla ricerca di un'identità, un'appartenenza e una condotta integerrima. Anche se, a ben vedere, lo stile di vita che molti di loro conducono anche dopo la radicalizzazione non è poi così puro. Roy pare essere sorpreso del fatto che «gli attentatori non hanno quasi mai un passato religioso» e secondo il suo parere non ha senso offrirgli un islam moderato proprio perché cercano a tutti i costi l'estremismo (che egli preferisce chiamare «radicalismo»).

Dunque l'islamizzazione giungerebbe solo alla fine del processo di disintegrazione, a dare una sorta di rifinitura simbolica jihadista che trasforma il soggetto problematico e/o deviante in esecutore materiale dell'azione terroristica. Questa è la «islamizzazione del radicalismo» che si vuol distinguere in maniera chiara ed evidente dalla «radicalizzazione dell'islamismo», molto più pericolosa dal punto di vista politico perché a suo modo sotto-obiettivo della stessa azione terroristica. La spaccatura tra i fronti e l'amplificazione del conflitto culturale, che abbiamo esaminato come schismogenesi, è il frutto di una pedagogia più complessa, coerente e sistematica, molto diversa dalla quasi onanistica autoformazione (e autoradicalizzazione) del cosiddetto lupo solitario. Mentre il *foreign fighter* è un soggetto consapevolmente addottrinato e addestrato per compiere azioni paramilitari e attentati, il lupo solitario è un autodidatta del terrore. L'analisi di Roy, seppur utilissima per capire aspetti del processo di disintegrazione del futuro radicalizzando, pare ancora avvinghiata a un paradigma di spiegazione che fa di tutto per smussare le cause del conflitto, per recintarle a una minoranza problematica, occidentale e moderna. Addirittura essi finirebbero per essere «emarginati» dalle comunità musulmane in generale. Pur non dichiarata nell'articolo, la finalità politica dello studioso francese è abbastanza chiara: al contrario delle posizioni di Houellebecq e di Sartori, tenta di gettare acqua sull'incendio che divampa in Europa e nel mondo. Tuttavia, nonostante il nobile fine, da un punto di vista analitico il suo tentativo è fuorviante. Come non si può sostenere che tutti gli islamici siano terroristi, e nemmeno la banale prosecuzione del detto che piace alle destre ovvero che tutti i terroristi sono islamici, così non si può dire che non ci sia un legame tra la visione dei terroristi e una certa parte dell'opinione pubblica islamica. Purtroppo i terroristi si comportano come un'avanguardia che tenta di far leva su un determinato disagio, enfatizzare una crisi identitaria presente in Occidente come in Oriente, amplificare e diffondere tale disagio tramite i media, spingere l'attuale sistema della convivenza multiculturale verso il suo punto di catastrofe.

Sottocultura e lifestyle del foreign fighter

L'analisi psicologica proposta dalla stampa si basa solitamente sulla distinzione tra le seguenti categorie: jihadisti autoctoni, lupi solitari e *foreign fighter*. I primi sono i combattenti arruolati in vario modo e per vari motivi nei paesi in cui è presente il conflitto, grigia manovalanza senza alcuna particolare visibilità mediatica se non nelle occasioni in cui vengono toccati limiti intollerabili di efferatezza. I secondi sono generalmente disadattati, hanno avuto piccoli problemi con la giustizia, possono aver frequentato il carcere ed essersi radicalizzati in quella circostanza, oppure avere qualche altro tipo di problema psicologico come il killer di Orlando. Sono detti anche «autoradicalizzati», espressione che offre un contenuto ideale alla rappresentazione mediatica e per la proliferazione dei social media, perché riflette su quanto di più cogente nell'attentato – ovvero il suo esecutore materiale – e perché corrisponde alla logica di personalizzazione dell'attuale sistema mediatico-politico-spettacolare in cui non solo c'è bisogno di conoscere chi è l'autore delle efferatezze, ma si vuole scavare nella sua dimensione privata per capire quando, come e perché si sia innescato il processo di radicalizzazione.

Secondo il sociologo Raphaël Liogier, il fenomeno dei lupi solitari è solo l'indicatore di una trasformazione sostanziale del conflitto, dalla dimensione macro dello scontro delle civiltà a una più «intima», in cui il nemico è sempre più identificabile con il vicino di casa (Paci 16/8/2016). Un plot narrativo che spesso ricorda le storie degli assassini seriali o degli sciagurati protagonisti di parricidi/matricidi e femminicidi. Quasi tutti si concludono mediaticamente tramite l'intervista d'ordinanza ai vicini di casa che, stupefatti dall'accaduto, dichiarano: «Erano persone così tranquille, non l'avrei immaginato». A ben vedere l'utilizzo tattico della banalità del quotidiano come risorsa dei terroristi era qualcosa di già presente nel terrorismo qaedista, se non addirittura in quello ideologico europeo. Baudrillard nel 2002 notava rispetto agli attentati alle torri che i loro protagonisti colmi di «astuzia hanno persino utilizzato la banalità della vita quotidiana americana come maschera e doppiogioco... dormendo nelle sue periferie, leggendo e studiando in famiglia, prima di risvegliarsi da un giorno all'altro come bombe a orologeria» (p. 15). Allo stesso modo, la retorica del lupo solitario prevede che questi, emarginato per qualche motivo sociopsicologico, covi nel buio la sua vendetta che non si scatena solo contro un nemico esterno, ma anche contro se stesso o meglio contro la sua appartenenza a quella cultura. Il web come mezzo di fidelizzazione è in tal senso lo strumento ideale di questi soggetti ammalati di quotidiano. Se non si tratta di problemi psicologici e d'identità, talvolta sessuale come il killer di Orlando, può trattarsi di problemi di microdevianza, di criminalità spicciola che incammina tali soggetti sulla via della perdizione, lungo quale con buona probabilità finiranno in un carcere che, sempre nella retorica consolidata sul fenomeno, corrisponderebbe a un luogo pedagogico di conversione ai valori dell'Islam. Se è vero che «il malato mentale può essere tra i terroristi, ma i terroristi non sono, per il fatto della loro violenza politica, necessariamente sociopatici o malati mentali» (Conti 2015, p. 32), è anche vero che i motivi dell'adesione a una causa così estrema possono essere di varia natura e implicano un percorso esistenziale traumatico.

La terza categoria è quella dei *foreign fighter*, sui quali s'è concentrata gran parte dell'attenzione dell'opinione pubblica internazionale. Si tratta di giovani nati nei paesi occidentali, spesso figli di immigrati di seconda generazione, tendenzialmente integrati e talvolta con studi avanzati e uno status socioeconomico considerevole. In primo luogo, mi sembra paradossale la definizione stessa di *foreign fighter*, soprattutto perché sappiamo bene come la lingua inglese sia spesso utilizzata per neutralizzare una posizione valutativa attraverso una categoria che consente di trattare il fenomeno in modo asettico. Così facendo l'etichetta *foreign fighter* sembra prima neutralizzare un fenomeno inquietante, per poi assegnargli un contenuto di *coolness* che probabilmente è proprio ciò che vuole l'organizzazione da cui essi provengono. *Foreign* assegna loro un nuovo status globalista, in cui giovani da tutto il mondo accorrono per sostenere la causa di questa sorta di nuova legione straniera. Ciò evoca anche un trattamento di tutto rispetto riservato dall'ISIS agli stranieri convertiti contro invece gli stranieri in generale, che sono i più odiati. Ma tale definizione è anche problematica perché enfatizza la provenienza, l'appartenenza a uno Stato-nazione, che li rende appunto *foreign*, quando invece la loro identità in transizione è l'esatta critica delle mappature geopolitiche implementate dalla visione occidentale, unita al tentativo di ridefinirle completamente attraverso la nascita di un nuovo Stato che ambisce a diventare il nuovo Califfato. Infine, oltre alla pretesa asetticità, alla *coolness* e all'origine problematica se non sfumata, un altro aspetto controverso è dato dalla categoria di *fighter*. Potrebbero essere chiamati guerriglieri, ribelli (se riferito alla Siria) o semplicemente terroristi, ma *fighter* indica una modalità specifica di combattimento, tradizionale e simmetrica, che a ben vedere, non coincide del tutto con le loro «regole d'ingaggio».

È inoltre di fondamentale rilievo la relazione tra il carattere innovativo del brand ISIS e lo stile di vita dei suoi affiliati. Uno stile di vita paradossale che, da un lato, è il fattore d'innesco della crisi di coscienza che conduce verso la conversione (come nel caso di ben più auliche figure, come quella di Malcom X) e, dall'altro, può essere spiegato in base al carattere d'eccezionalità del ruolo del *fighter*, che merita di vivere al di là dei precetti imposti alla gente comune. Il cinema del resto ha lavorato molto su questa idea di liminarità del terrorista, che è propria anche della spia. Come in *Syriana* di George Clooney, che dipinge il capo dei terroristi come un edonista il cui stile di vita ha ben poco a che vedere con i precetti della sua fede, dedicandosi ai piaceri della carne, all'alcol e al consumo di extasy. Allo stesso modo lo stile di presentazione dell'immagine dei *foreign fighter* gioca da anni con la fortissima collusione tra una radicalizzazione intransigente, a costo della vita, e un amore per l'effimero, l'empio e il disordinato, tipico della decadente cultura occidentale. Anzi, più che la moda intesa in senso lato, questi giovani sono stati raccontati dalla stessa ISIS e dai media attraverso uno storytelling che ha lavorato su un valore chiave che appartiene alla storia delle sottoculture: lo stile. A partire da Jihadi Jones e dal suo accento londinese con cui minacciava freddamente Obama e si cimentava in una delle prime decapitazioni spettacolarizzate tramite tecniche di ripresa molto avanzate.

Tra sottocultura e controcultura

La relazione tra la musica hip hop e il radicalismo islamico non è certo un fenomeno recente. Anzi, ci conduce all'epoca d'oro di tale genere musicale, ovvero agli anni Ottanta e alla cosiddetta Old School. La band dei Public Enemy fu una delle formazioni più intelligenti proprio perché capace di mettere in discussione lo stesso stereotipo del rapper nero, ma anche dell'uomo nero succube del sistema, come Flavor Flav usava solitamente rivendicare uscendo in pubblico con una sveglia al collo come processo di riappropriazione della sua identità e soprattutto per criticare il dispositivo di soggezione dei neri alla società dello spettacolo. La band era organizzata come una sorta di nazione alternativa («It Takes a Nation of Millions to Hold Us Back» è il titolo del loro album più famoso) e tra gli altri membri, oltre a Flavor Flav e al leader Chuck D, c'era il «ministro dell'informazione», Professor Griff, che catturò particolare attenzione di stampa e opinione pubblica per via del suo radicalismo islamista – per cui a un certo punto fu cacciato dal gruppo. Si trattava di un periodo decisamente diverso in cui la questione islamica non era ancora stata riconfigurata all'interno di una visione manichea come quella proposta da Huntington, il neoliberismo era nella sua fase nascente grazie a Ronald Reagan, all'epoca alleato dell'Iraq di Saddam Hussein contro l'Iran. Nel corso degli anni Novanta la relazione tra sottocultura hip hop e attivismo musulmano (non necessariamente integralista) si consolida grazie all'opera di numerosi artisti, per esempio Brother Ali «nato nel 1977 e... diventato musulmano nel 1993... a sollevare in lui l'interesse per il Corano sono stati proprio i testi di Rakim e Pubblic Enemy» (Knight 4/10/2012), in direzione opposta alla conversione più tradizionalista di Malcom X, che abbandonò la sottocultura zoot suit – considerata a un dato momento come vacua ed effimera (Steele 1997) – per sposare la fede musulmana. Il dibattito sul rapporto tra hip hop e radicalismo, che è letteralmente esploso da quando l'ISIS ha occupato il palcoscenico del terrorismo internazionale, era già presente all'inizio del nuovo millennio, anche se decisamente più sottotraccia. Lo spartiacque simbolico dell'11 settembre ha difatti funzionato come una sorta di sisma culturale, capace di scuotere le coscienze dei giovani afroamericani (ma anche di altri paesi), suscitando numerose adesioni da parte di hip hopper e rapper. Come quella di KRS-One che «ha costruito la sua reputazione grazie a una musica politicizzata e incendiaria» (Rashad 15/10/2004), soprattutto grazie alla dichiarazione di «solidarietà ad al-Qaeda», da parte sua e di altri afroamericani che avrebbero «brindato» con lui.

Ben prima della più nota e mediatica figura di Jihadi John, che ha reso mainstream il fenomeno dei combattenti stranieri, anche la vicenda del rapper Abu Mansoor al-Amriki e militante di Al-Shabaab, chiamato dai membri di al-Qaeda «l'americano» (Newton 4/5/2009): chiaro esempio di come la campagna di reclutamento dei combattenti stranieri funzionava già a pieno regime ben prima dell'affermazione dell'ISIS. Come anche il caso di uno «studente di economia che lasciò Londra per la Somalia per girare il video del proprio martirio poco prima di farsi saltare in aria nella Somalia del sud uccidendo 20 persone» scrive sempre Newton. Risulta evidente dunque che, anche in questo caso, l'ISIS non abbia fatto altro che ribrandizzare un fenomeno già consolidato tra i giovani americani ed europei. Ad esso il nuovo brand del terrore ha forse aggiunto una vena più pop e probabilmente una maggiore libertà d'espressione.

Da allora a oggi la relazione tra hip hop e islam è diventata molto più sotterranea e non è un caso: l'interazione tra religione e sottocultura serve difatti a suggerire un quadro normativo e valoriale stabile ai membri di una sottocultura che per definizione sono oscillanti tra l'appartenenza alla nazione in cui sono cresciuti e una prospettiva critica, potremmo dire «confrontational» (Hebdige 1983), in cui i simboli del potere vengono messi in discussione. Inoltre la sottocultura è direttamente collegata al processo di migrazione. Non a caso i flussi migratori sono utilizzati dallo stesso Hebdige per spiegare la nascita in Inghilterra di tali formazioni. Tale tesi è ancora oggi abbastanza plausibile e difatti in grado di spiegare anche la quasi totale assenza di sottoculture in Italia, proprio per il fatto che da noi non è presente un'immigrazione storicamente strutturata come quella delle ex potenze coloniali.

La relazione tra immigrazione e sottocultura non riguarda solo gruppi o generi direttamente riferiti al concetto di negritudine – da Iain Chambers a Paul Gilroy – ma anche gruppi che con quel tipo di background antropologico ed estetico non avrebbero nulla a che vedere. Come il punk, quintessenza di uno stile bianco e british, che a ben vedere ha intrattenuto parecchie relazioni con la musica nera (si pensi solo ai Clash) tanto che gli unici ambienti frequentati dai punk, oltre ai loro locali, erano i sound system ska e raggamuffin.

Da quando Ted Polhemus, in un'intervista che mi rilasciò alla fine degli anni Novanta, dichiarò l'impossibilità di mappare nuove subculture (Barile 2001, p. 186), è diventato molto difficile riflettere su tali fenomeni culturali; anzi, il fatto che la forza normativa e aggregativa delle sottoculture si sia indebolita drasticamente rispetto al passato può essere uno dei motivi per cui un certo radicalismo islamico abbia deciso di avvicinarsi ad esse, di aggredire culturalmente i suoi membri, offrendo loro un nuovo abito mentale, un set di strumenti cognitivi che, sebbene totalmente estremisti, possono offrire ai soggetti più problematici alcune risposte sui massimi sistemi e su questioni banalmente pratiche. Difatti, come è stato evidenziato da Uliano Conti nel 2015, «nel caso dei terroristi, dopo aver fatto parte delle sottoculture, giovani occidentali di origine culturale altra, ma anche autoctoni europei, scelgono una forma di comunitarismo autoritario come luogo per sviluppare la propria adultità... l'appartenenza subculturale ha le caratteristiche della controdipendenza» (p. 32).

La relazione d'appartenenza del *foreign fighter* alla sottocultura è decisamente controversa. La storia delle sottoculture giovanili è contraddistinta da una relazione tanto negoziale quanto conflittuale nei confronti del sistema dei consumi. Con il termine negoziale s'intende la capacità di giocare con i codici, con i simboli, con i prodotti che caratterizzano il sistema del consumo e della moda, per creare identità specifiche che, pur utilizzando determinati prodotti, marchi, simboli ecc. rivendicano una sostanziale autonomia nei confronti del sistema stesso. Questo è stato spesso il ruolo delle sottoculture dai Teddy Boys al punk. Nel secondo caso, quello conflittuale, si evidenzia invece un approccio totalmente critico nei confronti dei valori e delle pratiche proposte dall'industria culturale, dalla pubblicità, dalla moda ecc. per definire una visione del tutto (o tendenzialmente) alternativa, una diversa ipotesi di società, un sistema di valori riformato dal «basso».

L'immagine veicolata dai media sui cosiddetti *foreign fighter* oscilla tra queste due rappresentazioni. Quando si enfatizzano gli aspetti mondani di tali personaggi – dalla passione per la musica rap a una vita disordinata, fatta di piccole illegalità ma anche di piaceri effimeri come le droghe, le donne, i locali ecc. – si sta parlando di un'appartenenza subculturale che, come ho detto poco fa, ha molto a che vedere con il valore della *coolness*. Tale strategia serve a identificare un determinato target: il giovane nativo o figlio di immigrati, il cui stile di vita è sostanzialmente integrato ma non pienamente soddisfatto. Un vuoto esistenziale pare circondare tali figure che nemmeno l'adesione alla sottocultura può risolvere. Tale immagine ha una potente valenza pubblicitaria dato che si rivolge a vaste schiere di giovani che per definizione «oscillano», non trovano incasellamento, soffrono il vuoto di un'esistenza resa inautentica dai consumi e che nemmeno la soluzione «tattica» della negoziazione sottoculturale è in grado di migliorare. L'oscillazione conduce pertanto a uno slittamento verso l'altro polo, quello controculturale. In quest'altra modalità si abbandona la posizione negoziale a favore di una completamente critica del sistema. Non ha più senso interagire con esso e accettare alcuni aspetti rifiutandone altri, ma ci si appresta a entrare in un conflitto frontale.

Questo slittamento dalla sottocultura alla controcultura, in assenza di un discorso alternativo – come per esempio la visione hippie, maoista, anarchica ecc. – incontra il discorso religioso che, a ben vedere, nei confronti di questi soggetti è molto meno prescrittivo e normativo del solito. Nonostante i giovani, stranieri e combattenti, sposino un punto di vista tra i più estremisti a disposizione, in realtà ottengono dei benefici, che ad altri non sono assolutamente concessi. Ciò accade in primo luogo per il livello d'eccezionalità dei combattenti, appunto nuovi eroi destinati al martirio, ma anche per un'istanza ancora una volta pubblicitaria: occorre comunicare che la soglia d'accesso per i nuovi adepti è più bassa, che il mostruoso integralismo di cui i media parlano in realtà concede molti benefit ai nuovi entrati, che pertanto possono sposare una nuova causa, assumere una nuova identità, senza rinunciare drasticamente ai piaceri che erano il motivo stesso che ha prodotto l'insoddisfazione e la «fuga» dall'Occidente. Questo discorso riguarda aspetti fisici e immateriali. Una recente indagine quasi etnografica di un coraggioso giornalista francese, sotto lo pseudonimo di Said Ramzi, ha rivelato alcuni tratti della psicologia e dello stile di vita di questi giovani. Nulla certamente di eroico, molto di umano anzi di adolescenziale. La passione per le donne, per i brand più commerciali e ostentabili, da Nike a Gucci, tra cui non vi è alcuna evidente continuità se non il fatto di essere entrambi amati dai rapper e dagli hip hopper (Ortona 2/8/2016).

Si badi bene, il medesimo senso oscillante nei confronti dei consumi pornografici è avvertito anche in Occidente e non esclusivamente da culture «ortodosse», da integralisti cristiani e teocon. Il lavoro etnografico di Pamela Paul (2007) ha scandagliato in maniera attenta e sistematica le implicazioni psicologiche e culturali del consumo di pornografia in America, con speciale riferimento al rapporto tra immaginario spettacolare e vita quotidiana dei suoi fruitori. Un fenomeno legato alla scena musicale hip hop e specialmente alla nascita del sex-hop: «il legame tra l'hip hop e la pornografia va datato un decennio fa, nel 1994, quando Dj Yella della NWA realizzò un film porno...» (Paul 2007, p. 15). Come ha spiegato Dj Yella, «mettendo il mio nome su quel film e associandolo con il rap, ho portato il porno nel mainstream» (p. 15). Il ribaltamento valoriale messo in evidenza dalla ricercatrice è chiaro: fino agli anni Ottanta «essere a favore della pornografia significava parteggiare per le libertà civili, la liberazione sessuale e la scienza; l'opposizione era considerata repressiva e reazionaria... il disgusto e il disprezzo dell'osceno veniva assimilato a una forma di superstizione religiosa, di vergogna o paura del sesso» (p. 12). La pervasività, l'accessibilità e la compulsività dei consumi pornografici ha rovesciato tale percezione nel suo opposto. Allo stesso modo, da parte di un'identità oscillante e non precisamente incardinata in un determinato contesto culturale, la pornografa può essere percepita al contempo come il più grande pericolo ma anche come la più grande attrazione. Per questo alcune inchieste sui *foreign fighter* hanno evidenziato una certa propensione verso la pornografia come sfondo di un immaginario in cui la donna è un dono non solo extramondano (Ortona 2/8/2016), ovvero le famose vergini che li attendono in paradiso, ma anche mondano, con donne destinate a soddisfare gli appetiti sessuali dei combattenti sulla falsariga delle divisioni del piacere destinate a intrattenere i nazisti.

Una questione chiave, direi dirimente, sia del rapporto tra *fighter* e sottocultura sia della loro eccezionalità rispetto ai fedeli comuni, riguarda l'estetica del corpo, ovvero i tatuaggi. Si tratterebbe di una questione effimera, quasi banale se non fosse che l'Islam rifiuta i tatuaggi permanenti, insieme ad altre pratiche di modificazione somatica, per il semplice fatto che l'uomo non è il proprietario del suo corpo ma esso appartiene a Dio. La questione diventa oggi ancor più controversa e particolarmente delicata perché non solo la cultura di massa, votata ormai a un narcisismo sempre più sfrenato, ma anche l'appartenenza sottoculturale passano per la centralità delle politiche del corpo. Condannare i tatuaggi che paradossalmente si sono diffusi in Occidente come pratica etnica, neoarcaica e neotribale, non sarebbe dunque un problema. Sarebbe infatti compatibile con la posizione di autorevoli religiosi riportata nei siti e nelle pubblicazioni islamiche sul tema. Come nel caso di Abd-Allah ibn Mas'ūd quando sostiene: «Che Allah possa maledire la donna che fa tatuaggi e coloro ai quali vengono fatti i tatuaggi, coloro che strappano le proprie sopracciglia e coloro che limano i propri denti per essere più belle e che modificano ciò che Allah ha creato» (al-Bukhaari, al-Libaas, 5587; Muslim, al-Libaas, 5538 nel sito muslimconverts.com).

Dato che una parte dei *foreign fighter* è reclutata da sottoculture giovanili ben note per aver introdotto le pratiche di piercing e tatuaggi, ciò avrebbe potuto rappresentare un problema. In primo luogo perché escludere gli aspiranti combattenti tatuati significherebbe cancellare un notevole bacino d'utenza della jihad globale; in secondo luogo perché i combattenti tatuati e dunque *cool* sono in grado di promuovere in modo diverso il brand ISIS e di farlo penetrare nei contesti in cui si trovano i soggetti più «oscillanti» e alle prese con una crisi prodotta dal doppio vincolo. Per tale motivo, nonostante il divieto morale nei confronti dei tatuaggi, derivante da una certa interpretazione del Corano, l'organizzazione ha trovato un espediente per così dire deontologico per accogliere i combattenti tatuati. Come rileva il blog di una giovane ricercatrice inglese che ha frequentato il Master «Security Studies, Islamic Counter Terrorism and Weapons of Mass Destruction», l'ISIS avrebbe trovato il modo per risolvere la questione e legittimare l'ingresso di guerriglieri tatuati. In altre parole «se sei nato musulmano non hai alcun diritto di possedere tatuaggi», se invece «sei nato come un *kafir* dapprima eri appassionato di tatuaggi ma poi hai trovato di colpo te stesso nell'Islam, i tuoi peccati precedenti alla conversione saranno cancellati» (Maksimovich 27/3/2016). La questione non è certamente nuova, la stessa ricercatrice cita il caso di un guerriero talebano ucciso in Pakistan e ripreso dalla tv locale per via dello strano teschio che aveva tatuato sul corpo, che si scoprì essere stato realizzato negli Stati Uniti dall'artista peruviano Boris Valleio al modico prezzo di trenta dollari. L'autrice conclude che i tatuaggi sono vietati per chi guida la jihad ma quando si tratta di nuovi adepti «i loro peccati sono perdonati e i tatuaggi aiutano solo a identificarli, come nel caso del convertito americano Troy Kastigar di 28 anni che fu ucciso in Somalia combattendo contro un gruppo di terroristi al-Shabab, oppure del suo amico di basket di 33 anni, Douglas McArthur, che era tatuato e fu ucciso combattendo tra le fila dell'ISIS».

Come ha evidenziato Hebdige alla fine degli anni Settanta, ai giovani cui era stata tolta qualsiasi possibilità di esprimersi e di accedere al mondo degli adulti, non restava che usare il proprio corpo come mezzo di comunicazione. Questo valeva tanto per le sottoculture quanto per i terroristi – solo che nel secondo caso il corpo non è solo mezzo espressivo ma anche mezzo offensivo. Purtroppo il terrorista comunica tramite la violenza che sente di dover restituire alla società. Per questo è anche disposto a immolarsi, a farsi uccidere. Non più tanto a modificare il proprio corpo – a parte le eccezioni già discusse – ma a farlo esplodere o a immolarlo di fronte a una pioggia di proiettili, come gesto estremo o come «patto sacrificale» (Baudrillard 2002).

Renzo Guolo (2015) ha dedicato particolare attenzione allo studio del fenomeno che prende il nome di *westoxication*, ovvero intossicazione da Occidente, che passa per i processi di consumo e di socializzazione e produce una sorta di crisi di rigetto nella mente di alcuni tipi sociali problematici, più esposti dunque agli effetti della propaganda islamista e pronti a radicalizzarsi. Anche se, a differenza dell'opinione comune, lo studioso vede il processo di radicalizzazione come un movimento lento, una sorta di sedimentazione progressiva che a un dato momento produce il cambiamento culturale e l'adesione alla causa anti-occidentale. Tale etichetta è di particolare interesse perché fa in parte saltare in aria le concettualizzazioni chiare e distinte tra i diversi profili psicologici. Difatti la distanza sociopsicologica tra i profili è tale da mettere in crisi le stesse categorie che vorrebbero individuarli. Tra delinquenti «di quartiere», militari di professione, giovani che hanno abbandonato presto la scuola, laureati di buone università ecc., non ci sarebbe una continuità tale da poter collocare tutti sotto la medesima categoria. Questa sperequazione rafforza l'ipotesi dell'adesione a un'ideologia totalizzante, capace di includere sotto il suo messaggio, la più vasta varietà di soggetti sociali. Inoltre, come tutte le ideologie totalitarie, la costruzione netta e quasi tragica di un nemico universale da distruggere sarebbe al contempo l'arma di fidelizzazione più forte ma anche la mission che consente di tenere insieme l'incoerente varietà dei profili.

Se la prima parte dell'analisi risulta particolarmente utile a sfatare parecchi miti tenuti in vita dai media, l'ipotesi dell'ideologia totalizzante, sostenuta da parecchi osservatori, è forse più discutibile. In primo luogo proprio perché l'assoluta dispersione sociologica dei soggetti coinvolti, ovvero la distanza socioculturale che li separa, non può essere colmata facilmente da un discorso ideologico e dunque moderno che per definizione fa leva su una precisa struttura di classi sociali, bensì proprio su quello religioso che, tra l'altro, spiega molto più facilmente la velocità o la lentezza, a seconda dei profili, del processo di conversione. In secondo luogo, proprio dove l'ideologia fallisce e la religione arranca, in un'epoca da molti considerata al contempo post-ideologica e iper-mondana, un'altra forza è utile a capire le dinamiche d'inclusione in un messaggio che vuole essere universale ma anche specifico per ogni singolo target. Il brand ISIS, come in parte s'è visto, è in grado di esprimere questa modularità nei confronti dei suoi pubblici altamente diversificati, significando cose diverse a seconda di coloro che ad esso aderiscono (autoctoni, immigrati, figli di coppie miste, europei convertiti ecc.).

Tornando alla questione del nichilismo, discussa all'inizio di questo libro, troviamo un ricongiungimento tra la prospettiva filosofica e quella per così dire pratica. L'arruolamento nelle file dell'ISIS offre a questi giovani non solo un lasciapassare per l'aldilà, che a chiunque può fare comodo, ma anche un'autorizzazione davvero rara di questi tempi: la possibilità di poter oltrepassare ogni limite. In tal modo al *foreign fighter*, ma anche al più disadattato lupo solitario, viene offerto un pacchetto integrato di benefit che si articola su più livelli:

1. in linea di continuità con una certa narrazione consumista occidentale egli è spinto a oltrepassare ogni limite (sector no limits, sport estremi ecc.) in termini specificamente esperienziali: la vita va colta nelle esperienze più estreme, originali e autentiche;
2. gli si offre un quadro di riferimento etico-normativo che legittima la sua totale libertà d'azione, la sua voglia di protagonismo, e gli consente se non di placare perlomeno di attutire il senso di colpa per il gesto efferato che s'appresta a compiere;
3. la comunità può essere il luogo di questa normativizzazione e la famiglia è spesso beneficiaria di vantaggi materiali dovuti all'ingaggio del combattente;
4. dopo essere stato indottrinato egli è spinto a fare qualsiasi cosa pur di colpire il nemico, utilizzando situazionalmente e «creativamente» ogni strumento possibile (dalle armi artigianali al coltello da cucina alla «car jihad»);
5. come spesso avviene, nell'ipotesi estrema dell'immolazione o del suicido, egli ha la «garanzia» di un premio *post-mortem*.

Media e terrore: dalle decapitazioni seriali alla jihad algoritmica

Da molto tempo si parla di un nuovo ecosistema mediale regolato dalle logiche dei social media, o più in generale del cosiddetto Web 2.0, che si considerano solitamente molto diverse da quelle che regolavano il precedente regime dominato dalla tv. Tuttavia questi attentati non sembrano affatto modificare le modalità classiche di funzionamento dell'industria culturale basate, come direbbe Edgar Morin (1963), sulle due fasi di standardizzazione e innovazione. Anzi, il modo in cui funziona il terrorismo pare piuttosto confermare tali principi anche all'interno di un sistema mediatico in cui i social sono diventati il centro del sistema.

La standardizzazione corrisponde a un vero e proprio format, che si ripete sempre identico e si fonda sulla semplificazione e sulla reiterazione non soltanto dell'evento in sé ma anche del processo mediatico complessivo che l'evento tragico è in grado d'innescare e persino di gestire. L'innovazione invece riguarda una variazione continua di contenuti, protagonisti, località e tipologia di eventi. Dopo l'attacco e il conto delle vittime si attiva difatti una copertura da parte dei media tradizionali che diventa sempre più estesa, fitta e capace di interagire con il piano dei social nel tentativo di dare profondità ai contenuti più immediati. Anche la copertura televisiva «speciale» è a suo modo un prodotto di consumo che, come l'evento stesso, è destinato a esaurirsi nel ciclo di una o due giornate, a meno che non subentrino elementi ulteriori in grado di drammatizzare la senescenza del prodotto, allungandone il ciclo di vita fino a un limite indefinito.

Ciò consente agli organizzatori dell'attentato di gestire persino la fase post-attacco dando continuità a una storia per sua natura nata solo per destabilizzare ma che, sempre più spesso, riesce a tirare la suspense del pubblico, a estendere la sua attenzione, a dilatare il senso di vulnerabilità e d'indeterminazione. La fuga dell'attentatore, soggetto destinato alla morte per martirio o per motivi altri, serve fondamentalmente a questo. Come anche il sequestro degli ostaggi. Entrambe le soluzioni servono a dare continuità all'evento espandendone enormemente il messaggio di minaccia nei confronti dei pubblici interessati. Il cliché dell'attacco si ripete nelle sue componenti essenziali, pur variando ogni volta per rendere più significativa la sua notiziabilità e per rinnovare l'interesse da parte dei media e della popolazione. Se altrove gli attacchi vengono valutati come mere uccisioni, quelli in Occidente sono solitamente associati a elementi particolarmente simbolici (luoghi, date, ricorrenze ecc.) o che lo diventano per il semplice fatto di avvenire al di là dei contesti di presenza militare dell'ISIS.

Tra vecchi e nuovi media

Uno tra i più dibattuti elementi di discontinuità tra al-Qaeda e l'ISIS è probabilmente il sistema e lo stile di comunicazione, che se nel primo era centrale ma non particolarmente sofisticato, nel secondo raggiunge livelli di organizzazione e di cura estetica tali da poter competere con le media company globali.

Sono stati pubblicati numerosi lavori sulla struttura e sulle caratteristiche specifiche del sistema mediatico-propagandistico dell'ISIS. Tra questi uno dei più efficaci è quello di Francesco Marone, che pone in rassegna i vari comparti di quella che può essere definita una vera e propria industria culturale. Nel recente contributo realizzato nel 2015 per il Sistema di informazione per la sicurezza della Repubblica, Marone ricostruisce attentamente l'architettura mediale dell'ISIS, attraverso cui si esprime questo tipo molto specifico di propaganda che rappresenta una continuazione del conflitto con mezzi diversi. Come nel caso di uno dei documenti più strutturati pubblicato con lo strano titolo «Lo Stato Islamico, una realtà che ti vorrebbe comunicare» (Marone 2015, p. 3). Come già evidenziato nel capitolo precedente, i due pubblici fondamentali a cui si riferisce tale opera di persuasione sono: i nemici e gli amici, oppure, detto in modo diverso, quello globale e quello musulmano.

La campagna di propaganda del sedicente Califfato mira a estendersi sia nello spazio sia nel tempo. In primo luogo, il cosiddetto Stato Islamico opera a livello transnazionale e intende rivolgersi a un'audience globale. Per questo si serve di decine di lingue differenti. Inoltre, affida deliberatamente ruoli preminenti, anche nell'attività di propaganda, a individui che non sono cresciuti in paesi arabi: basti pensare alla figura di Jihadi John, boia dell'organizzazione con accento londinese, dietro alla cui maschera si nascondeva Mohammed Emwazi, nato in Kuwait nel 1988 e trasferitosi nella capitale britannica all'età di sei anni.

> Il cosiddetto Stato Islamico ha speso e spende molte energie in un'attività di propaganda di portata globale. Tale attività costituisce un aspetto fondamentale del conflitto in cui è impegnato. Questa campagna di promozione serve diversi scopi: legittimare la propria autorità; reclutare militanti e fiancheggiatori e motivare i simpatizzanti; intimidire e condizionare i nemici... Da un lato, l'organizzazione si avvale di apposite strutture di comunicazione, spesso contraddistinte da un alto livello professionale, come la casa di produzione al-Hayat Media Center che si rivolge a un pubblico occidentale. D'altro canto, è importante sottolineare che Daesh non si serve di un sito web ufficiale (Marone 2015, pp. 2-3).

Anche l'analisi di Marone pone al centro delle attività comunicative dello Stato Islamico il brand, intorno al quale si organizza l'intero ecosistema comunicativo utilizzato ai fini della propaganda. Una superficie comunicante estremamente elastica, capace di rivolgersi a pubblici molteplici con messaggi polisemici, talvolta adottando registri diversificati. La storia della marca è passata per numerose sigle e dunque anche per numerosi nomi che vanno dall'appartenenza ad al-Qaeda a una differenziazione sempre più finalizzata all'autonomia e al riposizionamento del brand. Come sottolinea Marone, «gli esperti di marketing guarderebbero con qualche scetticismo a questi continui cambi di brand name, per i costi e le conseguenze negative che possono generare» (p. 4). Soprattutto perché l'associazione tra brand name e identità consente l'awareness e il rafforzamento del legame cognitivo e valoriale tra la marca e i suoi follower. L'autore propone inoltre un'attenta e sintetica descrizione dei diversi canali di comunicazione dello Stato Islamico, che vanno dalle riviste ai video, tra cui i più noti riguardano la decapitazione di ostaggi, e infine i social media.

Tra le riviste, la principale è certamente *Inspire*, in primo luogo per il nome trendy che agli occhi di un lettore distratto potrebbe suonare come una delle riviste di lifestyle che affollano le edicole del mondo. In effetti l'intento di questo «magazine a colori, ricco di fotografie, pensato per un pubblico globale, prevalentemente giovane» (p. 6) pare essere quello di rovesciare lo stile di tanti giornali più modaioli, comunicando con il medesimo registro un contenuto del tutto diverso: quello del combattente jihadista. Potremmo parlare quasi di un marketing della moltitudine – già iniziato negli ambienti no global che utilizzavano le medesime tecniche dei brand per criticarne l'operato – che in questo caso assume un aspetto tanto inquietante quanto spaesante. L'ambiguità di questo stile comunicativo partecipa al doppio legame, si insinua nelle menti «oscillanti» e diffonde un messaggio tanto contraddittorio quanto efficace, o meglio efficace proprio perché paradossale.

Allo stesso modo la rivista *Dabiq* – nome della località siriana in cui dovrebbe essere combattuta la battaglia finale contro i cristiani –, sempre molto curata nell'immagine e nel concept grafico, mira a diversificare il pubblico e a continuare l'opera di proselitismo attraverso una comunicazione basata sulla *coolness*. Il numero più noto è quello che in copertina ritraeva la bandiera dello Stato Islamico sventolare su San Pietro.

Tra i video, quelli che ormai sono diventati un genere codificato riguardano le decapitazioni degli ostaggi. Tale orrenda pratica, che a detta degli analisti risale alla guerra in Cecenia del 1994-96 (p. 7), è già trasformata in tratto distintivo del nuovo terrorismo da parte di al-Qaeda nella tragica sequenza dello sgozzamento di Daniel Pearl del *Wall Street Journal*. In quella occasione lo stesso al-Zarqawi inaugurò la mesta pratica in cui il leader dell'organizzazione «firma» l'esecuzione, al contrario di Al-Baghdadi che non ha mai partecipato di persona alle esecuzioni, ed è anche la prima volta che «in un video compare un prigioniero di al-Qaeda con la stessa tuta arancio dei prigionieri di Guantanamo» (Maggioni 2015, p. 62). Se per Marone l'uso del coltello indica una volontà simbolica di deumanizzare la vittima, ricordando inoltre la spada come «arma sacrificale» (p. 7), allo sguardo degli occidentali tale pratica suggerisce invece una ritualità arcaica che più che deumanizzare riconduce il gesto a una concezione tribale in cui le viscere e la dimensione artigianale dell'omicidio rivendicano una diversità antropologica contro un mondo alienato e disumanizzato dalla tecnica, dalle armi di distruzione di massa e dall'automazione del conflitto.

Dunque veri uomini contro la potenza astratta e invisibile dei sistemi esperti, che uccidendo le vittime semmai restituiscono loro l'umanità sottrattagli dal sistema. Inoltre, uno dei punti chiave su cui fanno leva l'identità e la mission del Califfato è la soppressione dei confini disegnati seguendo la *ratio* dello sguardo ordinante delle potenze europee. Alla retorica globalista che il neoliberismo ha saputo sapientemente diffondere a partire dagli anni Novanta, in cui la volontà di sopprimere i confini era funzionale alla circolazione globale delle merci, dei capitali e delle informazioni, l'ISIS risponde con una medesima idea di soppressione dei confini degli Stati-nazione, ma in questo caso per globalizzare una teocrazia mondiale che è l'assoluto opposto della lussuriosa estetica del consumo.

> «La fine di Sykes-Picot». La didascalia, che ci proietta a migliaia di chilometri dal deserto iracheno, è l'emblema del nuovo califfato che va oltre i confini, che si pone come attrattiva e progetto politico su scala globale, richiamando giovani musulmani da ogni angolo della terra per allargare i confini e la potenza del nuovo Stato Islamico (Maggioni 2015, p. 61).

Monica Maggioni si sofferma sulla dimensione embrionale e fondativa del video che, coincidente con la nomina da parte di Bin Laden di al-Zarqawi a capo di al-Qaeda in Iraq, determina un cambiamento strategico e comunicativo. Si tratta della premessa alla fondazione della nuova etichetta del terrore capace da un lato di sussumere e incorporare tutte le altre etichette in un'operazione di overbranding, dall'altro di porre la comunicazione al centro della pianificazione strategica come vero e proprio «dna di questa organizzazione» (Magri 1995, p. 10). La relazione tra nuovo stile di comunicazione e capacità attrattiva dei *foreign fighter* sarebbe difatti non un aspetto secondario nell'affermazione del nuovo brand ma addirittura costitutivo. È l'arrivo di giovani combattenti dai paesi occidentali, alcuni dei quali anche formati nella produzione video e creativa, a determinare il salto stilistico, comunicativo e identitario della nuova organizzazione. Anzi, si potrebbe quasi estendere tale ragionamento a una sorta di nemesi della cosiddetta classe creativa che, dopo essere stata sostenuta in ogni modo in Occidente come il nuovo motore dello sviluppo economico neoliberista – quando in realtà stava per essere dequalificata o addirittura spazzata via proprio dalla diffusione delle nuove tecnologie –, diventa bacino di reclutamento da parte di gruppi interessati a sfruttare l'insoddisfazione anomica di alcuni di questi giovani. Com'è avvenuto il 17 luglio 2010, quando il gruppo jihadista Harakat al-Shabaab «annuncia la creazione di un nuovo canale d'informazione: al-Kata'ib News Channel» (Maggioni 2015, p. 69), usando le competenze tecniche e creative dei primi *foreign fighter* in arrivo dall'estero.

> Il trailer di lancio somiglia a quello di una stazione televisiva a tutti gli effetti: al-Kata'ib tv ha un jingle, un logo e perfino un payoff. I colori sono quelli da telegiornale internazionale, persino la scelta grafica rievoca la composizione sferica alla base delle sigle dei telegiornali di mezzo mondo. Ma è l'inserimento grafico delle immagini in movimento a dirci che siamo in presenza di una qualità di montaggio di primo livello (p. 70).

Se è vero che tali iniziative lavorano sull'intersezione tra globale e locale, è ancor più utile definire meglio l'origine e la destinazione dei vettori in base ai quali si organizza il posizionamento del brand ISIS e la sua attività di comunicazione. Si tratta di una variante della strategia di localizzazione globalizzante (Barile 2004) che anni fa poteva essere riferita a marche diverse, come l'emittente al Jazeera ma anche fenomeni meno «politici» come il Made in Italy, i consumi sostenibili e a km 0. Con tale definizione ho inteso indicare una localizzazione estrema che sfrutta un set di caratteristiche specifiche – la territorializzazione, la prossimità a eventi critici, la tatticità dell'azione ecc. – per diventare competitiva globalmente. All'epoca dell'invasione di Afghanistan e Iraq, le sigle terroristiche agivano al fine di diventare notiziabili dal punto di vista di Al Jazeera che – a differenza del conflitto iracheno del 1991, e dunque del monopolio al contempo globale e virtuale della CNN – ha iniziato ad aprire verso pubblici e interpretazioni molteplici contro il conformismo del contesto mediatico arabo. Come sostenne nel 2003 il celebre antropologo Marc Augé, esse «creano l'avvenimento e dispongono di un'arte consumata di esercitarne il monopolio (di monopolizzarne il senso e l'interpretazione) in tutta una parte del mondo» per questo «affidano a un'emittente televisiva del Qatar, il monopolio dell'informazione» (pp. 51-52).

Con la svolta comunicativa dell'ISIS la logica della globalizzazione localizzante da un lato si è rafforzata e dall'altro ha tentato di superare se stessa, incorporando competenze e metodi di lavorazione tipici di una cultura globalista, che a ben vedere coincide con la mission di distruzione dei confini e di affermazione di una nuova comunità globale in cui convivono i valori tradizionali, l'avanzamento della tecnica e l'utopia/distopia di uno Stato teocratico planetario.

A ben vedere, anche le utopie che hanno fondato la modernità – come *La nuova Atlantide* di Francesco Bacone e *La città del sole* di Tommaso Campanella – provavano a conciliare qualcosa per noi inconciliabile: la spiritualità che regola la condotta umana e il progresso della tecnica. Ma i due filosofi iniziatori della cultura moderna non potevano immaginare i livelli di potenza e di penetrazione che avrebbe raggiunto la tecnica nel corso dei secoli. Come si è detto, una deriva nichilista che può essere tamponata o compensata solo con il ricorso a una reinterpretazione artigianale (Augé 2003) o amatoriale (Flichy 2014) dei mezzi.

Con la serie di decapitazioni del 19 agosto 2014, fino alla proclamazione del Califfato del 29 giugno 2014 (Lombardi 2015), si consolida definitivamente la strategia comunicativa del nuovo corso, che usa in maniera combinata media mainstream e Web 2.0, sfruttando tatticamente la sfumatura tra realtà e fiction che quelle immagini suggeriscono, nonché l'assuefazione alle immagini di morte e violenza che s'affollano nei media occidentali. La loro potenza simbolica difatti da un lato partecipa all'assuefazione delle immagini del nostro tempo, dall'altro rimanda ad archetipi molto più aulici della storia dell'arte, tanto che ci si può interrogare su «che differenza c'è tra una decapitazione dipinta da Caravaggio e una filmata dai fanatici jihadisti del Califfato e diffusa in diretta sul web?» (Canova 2016, p. 6).

Da questo punto di vista l'immaginario mediale prova a risolvere una contraddizione stridente della cultura mediatica occidentale in cui la morte è stata espunta dalla vita quotidiana e incorporata nel regime giornalistico-finzionale dei media (Abruzzese 2016, p. 9). Per questo la nuova jihad vuole spezzare tale ipocrisia riportando la minaccia della morte al centro del quotidiano dei cittadini degli Stati «crociati», ma anche al centro di un immaginario al contempo brutalmente neoarcaico e paradossalmente patinato. Il caso di John Cantlie diventa pertanto significativo non solo per la sua ambiguità quasi doppiogiochista che lo avvicina alla figura romantica dei protagonisti delle spy story, ma soprattutto per la logica di incorporazione di un esperto di media che da vittima sacrificale si trasforma in giornalista *embedded* e voce della controinformazione (Maggioni 2015) della nuova jihad. Dal gesto fondativo di al-Zarqavy, passando per Cantlie, fino al nuovo corso della comunicazione ISIS, la decapitazione diventa cifra stilistica e firma identitaria di un progetto comunicativo che intende rovesciare, pur replicandone i formati e gli stilemi, i modelli della comunicazione occidentale.

Così la logica della serialità, divenuta straripante e incontenibile rispetto alla capacità d'assimilazione dello spettatore medio occidentale, viene riprodotta in un diverso contesto con un diverso fine. Rispetto all'orrore riprodotto finzionalmente da un sedicente impero del bene come valvola di sfogo e meccanismo di compensazione della vita moderna, qui la serialità racconta di un mondo ribaltato in cui l'arcaico e l'irrazionale irrompono bruscamente nel quotidiano e anticipano mediaticamente un orrore che man mano i cittadini americani ed europei saranno costretti a sentire sempre più prossimo. La figura di Cantlie in tal senso è divenuta rapidamente il perno dello storytelling dello Stato Islamico, un testimonial «esterno» alla comunicazione del brand che proprio per questo rende ancor più credibile il messaggio, ma anche il «conduttore» (Lombardi 2015) di una serie che, similmente a quelle dell'intrattenimento occidentale, è pensata appositamente per circolare al contempo su media mainstream e digitali.

Oltre a un vero e proprio apparato di produzione culturale in senso classico, ovvero basato sui media di massa, la propaganda dell'ISIS opera altrettanto efficacemente sulle piattaforme più avanzate di comunicazione digitale. In questo senso ha saputo muoversi molto più dinamicamente di al-Qaeda, entrando in un mondo solitamente percepito come in contrasto con i valori e le pratiche di un'organizzazione politico-religiosa dato che «contrariamente al mondo liturgico fatto di autorità, continuità, comunità, interessi e obiettivi, il cyberspazio offre l'anarchia, l'istante, l'individualistico, il frammentato e l'irrilevante» (Lyon 2002, p. 101). Tuttavia è proprio la complementarità tra questi due livelli che in parte spiega l'impressionante forza d'attrazione che il primo è in grado di esercitare sul secondo, pur riconoscendone la natura e preservandone in parte l'arbitrio (come si è visto nel caso dei *foreign fighter*).

Rispetto all'efficacia di questo cocktail di comunicazione tattica e strategica, non è semplice elaborare soluzioni adeguate. Senza ricorrere al celebre e altrettanto semplice consiglio che Marshall McLuhan offrì alla stampa italiana in occasione del rapimento Moro – «Il terrorismo è un modo di comunicare, senza comunicazione non vi sarebbe terrorismo» – è cosa certamente nota la relazione perversa che s'instaura tra i media e i terroristi in cui i media sono al tempo stesso il mezzo e il fine.

Il ragionamento di McLuhan è al contempo riduzionistico e lungimirante. Dal suo punto di vista, se i media sono accusati di manipolare l'opinione pubblica, i terroristi mirano a manipolare i media (Stille 23/3/1978). Per questo, autolimitarsi nelle pubblicazioni delle notizie sugli attentati potrebbe essere la risposta più efficace. Tuttavia, al di là di questa affermazione passata alla storia, nella stessa intervista lo studioso suggerisce qualcosa di molto più profondo. Il terrorismo sarebbe una risposta inconscia al «nesso traumatico» tra la «rivoluzione tecnologica nel campo delle comunicazioni di massa» e l'individuo che vede alterato il suo ambiente tradizionale e il suo senso d'identità. La violenza dei terroristi sarebbe pertanto «una ricerca inconscia di una nuova identità», ovvero non vogliono modificare la «realtà esterna sul piano politico o sociale» ma sono alla ricerca di «un'immagine di se stessi».

Come spesso accade con le analisi di McLuhan, il suo ragionamento sul presente, allora sviluppato in funzione del terrorismo brigatista, è ancor più pertinente all'evoluzione del nuovo terrorismo post 11 settembre. Questo perché all'ideologia subentra la religione (o una religione ideologizzata) che per sua natura ha molto più a che vedere con il senso di identità del soggetto moderno. Del resto, una definizione più completa di jihad ci dice che essa «è intesa non tanto o non soltanto come guerra armata contro gli infedeli, ma anche e soprattutto come guerra interiore, combattuta spiritualmente contro le proprie passioni» (Turco 2015, p. 21).

Tuttora le azioni dei terroristi sono il contenuto privilegiato delle routine mediatiche che, non a caso, dedicano edizioni speciali e numerosi approfondimenti a ogni attentato, in una sorta di sinusoide sempre più avvitata su se stessa, che alterna fasi di ossessivo interesse per la politica nazionale a fasi in cui l'attentato squarcia l'orizzonte dei media insieme alla coltre di noia che avvolge la politica nazionale, polarizzando l'interesse di tutto il sistema della comunicazione grazie al suo tragico portato di novità.

Pertanto i media usano gli attentati ma sono ancor di più usati dal progetto del terrore. Perché esso è ormai in grado di scandire l'agenda e il tempo dei media ma anche quelli dello spettatore, attraverso un attento design delle esperienze, come del resto è in grado di prevedere e pianificare la reazione sia delle strutture istituzionali – i media, la risposta drammaturgica della politica – ma anche quella delle persone comuni e dei processi di influenza dal basso che sprigionano processi di comunicazione virale sui social, come la formula tanto retorica quanto innocua del «je suis». Inoltre i vecchi e i nuovi media sono gli interlocutori diretti delle iniziative dei terroristi, ma lo stesso accade nel caso di altri eventi catastrofici come dimostra il drammatico caso della nuova vignetta di *Charlie Hebdo* che incrocia inaspettatamente i discorsi sul terremoto nell'Italia centrale con quelli sul terrorismo. Un'operazione quasi pensata *ad hoc* per provocare gli iscritti italiani ai social media, che si sono visti precipitare addosso una raffigurazione tanto violenta quanto gratuita dell'evento che ha ucciso circa trecento cittadini. La vignetta in questione pareva essere disegnata deliberatamente per provocare scompiglio tra i membri dei social e indurli all'autoriflessione, ovvero su quanto fosse ipocrita aderire acriticamente a una causa come il «je suis». L'effetto sul pubblico è stato immediato, tra l'indignazione automatica della maggior parte di utenti e quanti accusavano questi ultimi di smettere d'aderire al «je suis» solo perché questa volta era la loro cultura a passare sotto il tiro della satira. Solo in pochi hanno tentato di elaborare una posizione più critica, per risolvere la dissonanza tra la vecchia adesione al #jesuischarliehebdo e la nuova impossibilità di aderire a una satira tanto irrispettosa quanto volgare e gratuita.

> Twitter, Facebook e internet sono diventate gli strumenti contemporanei con cui veicolare il più arcaico dei messaggi. Lo Stato Islamico, che ha distrutto in un rogo migliaia di libri a Mosul, è assistito da giovani comunicatori cresciuti con i miti hollywoodiani che attraverso i social network rimandano una visione del mondo che ha solo il linguaggio e i codici formali dell'oggi (Maggioni 2015, p. 89).

L'apparente paradosso a cui va incontro la comunicazione dello Stato Islamico è ben delineato dallo studio di Maggioni: se da un lato esso è impegnato nell'opera di devastazione degli strumenti che hanno edificato la cultura occidentale – di cui il libro e la stampa sono le tecnologie più rappresentative – al contempo fa ampio uso dei social media e delle competenze dei giovani, che sono molto più avvezzi a usare le nuove tecnologie piuttosto che perdere tempo con i testi che in seno all'Occidente hanno stimolato il pensiero critico.

Apparente perché a ben vedere tale slittamento dall'autorità della scrittura alla centralità dei linguaggi performativi è un passaggio decisivo che ha interessato la ricerca di numerosi sociologi e mediologi. Tra questi, la sociologia dei media e dell'immaginario di Alberto Abruzzese, sin dall'uscita di *Forme estetiche e società di massa*, nel 1973, ha riletto il rapporto tra forme elitarie e culture «dal basso», conferendo a queste ultime una nuova dignità accademica. Sulla stessa linea, nel più recente *Analfabeti di tutto il mondo uniamoci* del 1996, il mediologo italiano affidava ai nuovi linguaggi digitali il compito d'irrompere, stravolgere e innovare le politiche culturali irretite dal dominio della scrittura e del libro. In questa danza sulla bocca del vulcano interveniva anche il berlusconismo che privilegiava i linguaggi «del corpo» rispetto a quelli alfabetici, anche se più incline all'esperienza televisiva di cui in qualche modo rappresentava il crepuscolo. Tuttavia nel più recente *Punto zero. Il crepuscolo dei barbari*, del 2015, affiora una certa inquietudine nei confronti della mutazione antropologica imposta dai nuovi media, che non sembra più in grado di erodere gli antichi e inossidabili legami tra forme di comunicazione e di potere ma che anzi rischia di diventare più regressiva della comunicazione precedente. Così l'avvento di una cultura anti-alfabetica potrebbe manifestare il suo lato oscuro e altresì incentivare «invece di attenuare, nuove forme di controllo sulla vita quotidiana da parte dei saperi e ceti alfabetizzati». In un certo senso l'affermazione in ambito accademico di una teoria critica della rete (Lovink 2012; Fuchs, Hofkirchner 2009) dà conferma all'ipotesi abruzzesiana. Inoltre la sua revisione tiene conto del processo di liberazione di energie incontrollate, che passa per i social network e che ho definito come «fascismo emozionale» (Barile 2010).

Cyberguerra e Guerra Santa

I social media non sono solo uno strumento e nemmeno forse un ambiente, come oggi si suol dire: essi danno concreta fisicità al campo di forze reali, presunte o fittizie, che si contrastano in questo inestricabile scontro delle inciviltà. La relazione già introdotta tra tattica e strategia è pertanto utilissima per capire come alcuni mezzi, creati per controllare e gestire determinati processi globali dall'alto, vengano poi riconfigurati e utilizzati da gruppi e soggetti che contro quel potere si scagliano. Da quando Negri e Hardt (2001) hanno definito l'Impero come macchina hi-tech capace di contabilizzare e controllare l'aleatorio che si genera nel campo della moltitudine, tale relazione è evoluta sino a cambiare la stessa natura del conflitto. Gli algoritmi oggi, da emblema dell'Impero o della matrice che controlla globalmente la realtà, sono diventati lo strumento stesso di confronto, di contrasto e addirittura di proselitismo dei nuovi affiliati alla causa distorta del terrorismo globale.

È dunque impressionante la svolta comunicativa e strategica del nuovo terrorismo che, adattandosi a un ecosistema mediale in cui è centrale la funzione del brand, gestisce la relazione con i suoi pubblici usando le medesime tecniche delle marche che incontriamo sul mercato. Tra queste, quella più potente e più avanzata è offerta dagli algoritmi che consentono di monitorare il mare magno del web alla ricerca di tracce che potrebbero condurre verso nuovi potenziali adepti. Come la ricerca/esperimento di Gurvan Kristanadjaja del 2015, pubblicata su *Rue89* e tradotta in Italia da *Internazionale*. L'autore decide di mascherarsi da simpatizzante della jihad e di procedere passo dopo passo con una serie di azioni tramite web e social media per guadagnarsi credibilità e reputazione nel mondo dell'integralismo 2.0. Dalla creazione del profilo ai numerosi like disseminati sulle pagine che sostengono la causa, dall'ascolto di gruppi hip hop islamici alle chat e all'amicizia online con giovani che condividono il suo medesimo interesse. A un certo punto il profilo che ha costruito con cura inizia a ricevere comunicazioni insolite, il suo feed diventa strano e compaiono solo informazioni legate all'ISIS. Evita di mettere «like» sulla pagina dell'ISIS, che conta 36.000 follower, ma il semplice cliccarle lo rende «visibile» e tracciabile. La fotografia di come la propaganda jihadista abbia imparato a sfruttare in suo favore i meccanismi dei social è abbastanza nitida, ma non è chiaro il legame tra tale livello e quello della realtà effettuale.

A un dato momento si palesa la sostanziale vacuità dell'algoritmo di Facebook, che classifica cose diverse sotto le medesime categorie e pertanto consiglia «pagine associate a quelle dell'autoproclamato Stato

Islamico sono quelle del Partito laburista britannico, della Danimarca, di Mosul, e della pagina Arabo». Dopo che altri profili di soggetti filo-jihadisti hanno accettato la sua amicizia, si spalanca l'immaginario del terrore che caratterizza il gruppo armato, con una moltitudine di post in cui si parla delle decapitazioni o della guerra. Facebook propone di aggiungere nuovi amici tra cui diversi miliziani con il fucile oppure ritratti degli eroi della Guerra Santa. Nel giro di pochi giorni il profilo si è trasformato radicalmente grazie al «circolo infinito» messo in atto dagli algoritmi del social network che, più like assegni a un tema, più continua a suggerirti elementi affini allo stesso tema. Per questo il giornalista inizia a intervistare velatamente alcuni profili del suo network, a una/o dei quali confessa «Sono un po' confuso in questo momento, tutti parlano dello Stato Islamico ecc. e io non so che pensare». L'espressione molto ponderata esprime esattamente quella condizione che, in accordo al modello del doppio legame, abbiamo definito come «oscillante». A tale affermazione l'interlocutrice virtuale dà una risposta composita: «lotta interiore. Dire le preghiere all'ora stabilita, combattere la fornicazione – fornicazione degli occhi, delle mani e delle orecchie; combattere la collera, essere capaci di controllarsi... Dobbiamo cambiare, uccidere il nostro ego, pentirci sinceramente di fronte ad Allah». Cambiare e «uccidere» l'ego coltivato in seno a un contesto occidentale: è questo lo scopo del soggetto oscillante alla ricerca di una nuova condizione di vita tramite Facebook. Il giorno dopo viene contattato da un'altra donna che lo incammina in modo più definito verso un percorso di radicalizzazione alla fine del quale c'è l'approdo alla jihad. La stessa donna gli chiede di interloquire tramite Skype ma Kristanadjaja rifiuta per paura che il suo gioco venga scoperto.

La storia molto suggestiva ci consente di approfondire la relazione tra jihad e social media, che, ricordiamolo, rappresentano la forma di consumo fondamentale del nostro tempo proprio perché capaci di trasformare qualsiasi esperienza, relazione ed emozione in una relazione di consumo (Barile 2010). L'aspetto più sorprendente di tale processo è il modo in cui il proselitismo della jihad tenti di sfruttare tatticamente i meccanismi comunicativi di un'infrastruttura globale (il social network), piegandoli ai propri fini.

Una prima contraddizione sta nel fatto che, se la ragione algoritmica s'afferma in seno alla cultura occidentale, specialmente nella seconda metà del Novecento (Striphas 2015), la sua origine è proprio la scienza araba che, grazie alla figura del matematico Muhammad ibn al-Khwarizmi, dà il nome a questo dispositivo logico e tecnologico. Oggi gli algoritmi di raccomandazione rappresentano la forma più diffusa di orientamento delle scelte cognitive e pratiche all'interno della società delle reti. Una sorta di «agenda setting automatizzata» (Airoldi 2016, p. 135), senza la quale siamo quasi tagliati fuori dal mondo. Inoltre, il calcolo algoritmico è il mezzo privilegiato di accrescimento della potenza di quella «macchina hi-tech» che Negri e Hardt hanno chiamato Impero. Il fatto che l'utilizzo di tale strumento possa essere rovesciato dalle fazioni in lotta contro l'Impero è assolutamente degno di nota e va nella direzione di quel rapporto tra tecnica e nichilismo che ho discusso all'inizio di questo percorso. Per questo non poteva mancare anche la notizia inversa, cioè di un ulteriore movimento dal contropotere al sistema di potere, dal decontrollo al controllo, dalla jihad all'Impero. Alcuni ricercatori della Miami University hanno difatti implementato un algoritmo che, esaminando serie storiche relative agli attentati, ma soprattutto osservando il comportamento di piccoli gruppi della cosiddetta cyberjihad, formulano previsioni sui prossimi attentati. Non si tratta dunque di «provare a tracciare milioni di utenti, meglio focalizzarsi su piccoli numeri che riflettono movimenti tellurici di nuove attività e che, se seguite in tempo, possono condurre al momento in cui le attività hanno inizio» (Belluck 16/6/2016).

Questa sensibilità algoritmica è ormai altamente diffusa nel pianeta e non solo aiuta a indirizzare le scelte di consumo tramite i dispositivi di raccomandazione ma apre la possibilità di una vera e propria automazione del sociale che passa innanzitutto per l'automazione del gusto (Barile, Sugyiama 2015). Se un tempo le identità giovanili erano definite a partire dalla loro affiliazione a un gruppo di pari tramite un processo di socializzazione diretta, oggi tali identità, nonché i gusti e le propensioni che da esse derivano, sono sempre più mediati e indirizzati dagli algoritmi di raccomandazione. Questi a loro modo plasmano le identità sociali e i relativi gusti a partire da categorie che non sempre sono pertinenti e attendibili ma che proprio per questo motivo lasciano ancora un vasto margine di scoperta, grazie a ciò che è stato definito come cyberserendipity (Razlogova 2013): appunto cerco altro ma trovo qualcosa che mi può interessare.

L'iter di affiliazione alla jihad è certamente diverso ma in qualche modo rovesciato. Esso prende spesso piede dall'affiliazione subculturale – che invece per il resto dei giovani è piuttosto un punto d'arrivo – e da quella muove per offrire alle identità «oscillanti» una certa stabilizzazione. Anche questo accomuna la marca ISIS alle marche che popolano l'universo del consumo. Grazie a metodi di customizzazione di massa, le marche possono interagire direttamente con lo specifico consumatore che ha mostrato interesse nei confronti del loro sistema d'offerta o, detto in termini più semiotici, del loro mondo possibile. Come ha ben evidenziato Lev Manovich, il motivo per cui i big data sono diventati il nuovo mantra culturale dopo «la riproduzione di massa, il broadcasting, l'automazione della produzione mediale tramite i computer, più recentemente l'uso del web per la creazione per la distribuzione dei contenuti», è dovuto alla loro capacità di cogliere un aspetto fondamentale dello spirito del tempo. Tuttavia «solo se consideriamo entrambe le parti del concetto di media analytics – l'analisi dei dati d'interazione degli utenti e l'analisi dei contenuti culturali – può manifestarsi l'enormità dei cambiamenti in corso» (Manovich 2/2/2016).

Gli algoritmi che popolano l'attuale web sono ben più avanzati dei vecchi diagrammi di flusso su cui si è edificata l'epopea informatica. La loro capacità di apprendimento è talmente elevata da modificare la relazione tra gli osservatori e i «mostri» di cui parlava Nietzsche e da cui è iniziato questo studio. Quanto più scrutiamo quell'abisso alla ricerca di tracce, di indizi, di informazioni, che ci consentono di conoscere il fenomeno, tanto più siamo riconoscibili, profilati e scrutati da intelligenze occulte che hanno capito il potere dei cosiddetti data analytics e che dopo aver scremato le informazioni sensibili tramite metodi quantitativi, possono raggiungere la dimensione del puro qualitativo, interagendo con un singolo soggetto in modalità dialogica. Dall'analisi dei big data alla pratica etnografica, fino all'intervista individuale in profondità, il passo è breve. In tal modo la jihad sfrutta tecnologie nate per espandere e ottimizzare la comunicazione e il consumo, trasformandole in strumenti automatici di propaganda e di «fidelizzazione». Questo effetto di rispecchiamento ci mostra che la razionalità algoritmica, usata in Occidente come strumento di controllo dell'allora incipiente processo di globalizzazione, ora viene ribaltata nelle sue finalità e trasformata in un boomerang da parte di una visione neoarcaista che combatte la modernità globalista. Tuttavia sarebbe un grave errore ridurre tale contesa a uno scontro tra forze progressive e regressive, dato che anche le grandi corporation della Silicon Valley, insieme ai loro algoritmi, stanno perseguendo un progetto ambiguo e non del tutto trasparente. Si tratta di ciò che Evgeny Morozov ha definito come condizione neofeudale, ovvero una marcia in direzione opposta alle conquiste tanto ambite dalle società democratiche.

> Google e Facebook hanno assistenti virtuali che fanno affidamento sull'intelligenza artificiale e riescono a scoprire il nostro tempo libero sulle agende, farci fare acquisti e così via. Tutto questo senza il coinvolgimento di un essere umano. Cerchiamo di non lasciarci distrarre dalla retorica dell'innovazione: stiamo entrando in un neofeudalesimo, e un pugno di aziende tecnologiche americane sta trascinando a forza noi tutti nell'impresa più antidemocratica della storia... si può avere la democrazia o una estrapolazione neofeudale dei dati, ma non entrambe (Morozov 13/9/2016).

Da un certo punto di vista le armi dell'Impero, stanno trasformando il tema della libertà che fondava le democrazie occidentali in un ambiente di consumo. Questo un nuovo feudalesimo – basato sul vassallaggio degli utenti che mettono a disposizione i propri dati e che è gestito dalle multinazionali della digital economy – viene rovesciato dal contropotere jihadista che, a sua volta, insegue una medesima regressione pre-moderna ma ibridata dalle nuove tecnologie digitali e dalle più avanzate strategie di branding. La logica dell'abisso che si specchia in un altro abisso, opposto e speculare, viene quasi confermata da queste considerazioni. Con l'aggiunta che le tecnologie algoritmiche consentono al contempo di raccogliere informazioni generali su determinate fette di utenza e di penetrare nel profondo del mondo di vita del singolo user, interagendo con il suo complesso di relazioni, esperienze ed emozioni. In entrambi i casi, sebbene con finalità diversissime, la penetrazione degli algoritmi nei mondi di vita produce un cambiamento. Anzi, potremmo quasi prevedere che un'ulteriore ingerenza del sistema tecnologico e dei consumi nei mondi di vita degli utenti produrrà maggiori crisi di identità, moltiplicando i soggetti oscillanti che pertanto andranno alla ricerca di un orizzonte esistenziale alternativo. La tecnica, sebbene neutra nella sua concezione moderna, è sufficientemente flessibile da piegarsi alle esigenze delle fazioni in lotta. Dallo scontro delle inciviltà si passa a una lotta ancor più subdola e interstiziale tra posizioni mobili ed estremamente mutevoli nel tempo.

Bibliografia

Abruzzese A. (2016), «Pedagogia della morte», *8½. Numeri, visioni e prospettive del cinema italiano*, n. 25.

Abruzzese A. (2015), *Punto zero. Il crepuscolo dei barbari*, Luca Sossella Editore, Roma.

Abruzzese A. (2001), *L'intelligenza del mondo*, Meltemi, Roma.

Abruzzese A. (1995), *Analfabeti di tutto il mondo uniamoci*, Costa & Nolan, Genova.

Abruzzese A. (1973), *Forme estetiche e società di massa*, Marsilio, Venezia.

Airoldi M. (2016), «Potrebbe interessarti anche: recommender algorithms e immaginario, il caso YouTube», *Imago Journal*, n. 6, December, pp. 132-150.

Anderson B. (2009), *Comunità immaginate*, Manifestolibri, Roma.

Anholt S. (2007), *L'identità competitiva: il branding di nazioni, città e regioni*, Egea, Milano.

Appadurai A. (2006), *Fear of Small Numbers: An Essay on the Geography of Anger*, Duke University Press.

Appadurai A. (2001), *Modernità in polvere*, Meltemi, Roma.

Appiah K.A. (2007), *Cosmopolitismo. L'etica in un mondo di estranei*, Laterza, Roma-Bari.

Arvidsson A. (2005), «Brands. A critical perspective», *Journal of Consumer Culture*, 5, p. 235.

Augé M. (2003), *Diario di guerra*, Bollati Boringhieri, Torino.

Augé M. (1993), *Nonluoghi. Introduzione a una antropologia della surmodernità*, Eleuthèra, Milano.

Ballardini B. (2015), *ISIS. Il marketing dell'apocalisse*, Baldini&Castoldi, Milano.
Barber B. (2002), *Guerra santa contro McMondo*, Pratiche, Parma.
Barile N. (2013), «Dio è il primo tecnico, la tecnica è l'ultimo Dio», intervista a Emanuele Severino in *Iperparmenide*, Mimesis, Milano.
Barile N. (2010), «Network come neotot. La socialità in rete e gli avamposti di un nuovo fascismo emozionale», *aut aut*, n. 347.
Barile N. (2009), *Brand new world. Il consumo delle marche come forma di rappresentazione del mondo*, Fausto Lupetti Editore, Milano.
Barile N. (2008), *La mentalità neototalitaria*, Apogeo, Milano.
Barile N. (2004), *Fenomenologia del consumo globale*, Edizioni Interculturali, Roma.
Barile N. (2001), «Intervista a Ted Polhemus», in Abruzzese A., Barile N., *Communifashion. Sulla moda, della comunicazione*, Sossella, Roma.
Barile N., Sugiyama S. (2015), «The automation of taste: A theoretical exploration of mobile ICTs and social robots in the context of music consumption», *International Journal of Social Robotics*, 10.1007/s12369-015-0283-1.
Bateson G. (1977), *Verso un'ecologia della mente*, Adelphi, Milano.
Baudrillard J. (2003), *Power Inferno*, Raffaello Cortina, Milano.
Baudrillard J. (2002), *Lo spirito del terrorismo*, Raffaello Cortina, Milano.
Baudrillard J. (1996), *Il delitto perfetto*, Raffaello Cortina, Milano.
Baudrillard J. (1993), *L'illusione della fine*, Edizioni Anabasi, Milano.
Baudrillard J. (1991), *Cool memories. Diari 1980-1990*, SugarCo, Milano.
Baudrillard J. (1988), *L'altro visto da sé*, Costa & Nolan, Genova.
Baudrillard J. (1984), *Lo scambio simbolico e la morte*, Feltrinelli, Milano.
Bauman Z. (1997), *Postmodernity and its Discontents*, New York University Press, New York.
Beck M. (1999), *Che cos'è la globalizzazione*, Carocci, Roma.
Beifuss A., Trivini Bellini F. (2013), *Branding terror. Loghi e iconografia di gruppi in rivolta e organizzazioni terrorristiche*, 24Ore Cultura, Milano.
Belpoliti M. (2016), «Chi sono i terroristi suicidi», *Doppiozero*, 24 marzo.
Belpoliti M. (2005), *Crolli*, Einaudi, Torino.
Bennet W.L., Lagos T. (2007), «Logo logic: The ups and downs of branded political communication», *The Annals of the American Academy of Political and Social Science*, 611, p. 193.
Berardi F. (2002), «Due civiltà ripugnanti che si fanno la guerra», in

AA.VV., *La guerra dei mondi. Scenari d'Occidente dopo le Twin Towers*, DeriveApprodi, Roma.
Bodei R. (2016), «La filosofia del "limite" nel secolo del nichilismo»". Intervista di Francesco Pastorino, *Micromega/Il rasoio di Occam*, 6 settembre.
Bosio A.C., Graffigna G., Lozza E. (2006), «L'impatto di attentati terroristici sui climi di consumo in Italia», in Collesei U., Andreani J.C. (a cura di), *Atti del V Congresso Internazionale Marketing Trends*, Gennaio, Dipartimento di Economia e Direzione Aziendale, Università Ca' Foscari.
Bourdieu P. (1982), *La distinzione. Critica sociale del gusto*, Il Mulino, Bologna.
Boyd D., Crawford K. (2012), «Critical questions for big data», *Information, Communication & Society*, 15(5), pp. 662-679.
Breton P. (1995), *L'utopia della comunicazione. Il mito del "villaggio planetario"*, UTET Università, Torino.
Canetti E. (1979), *Potere e sopravvivenza*, Adelphi, Milano.
Canova G. (2016), «Iconografie della sofferenza», *8½. Numeri, visioni e prospettive del cinema italiano*, n. 25.
Capra F. (1982), *Il punto di svolta*, Feltrinelli, Milano.
Castells M. (2002), *La nascita della società in rete*, Università Bocconi Editore, Milano.
Chambers I. (2003), *Paesaggi migratori. Cultura e identità nell'epoca postcoloniale*, Meltemi, Roma.
Codeluppi V. (2003), *Il potere del consumo*, Bollati Boringhieri, Torino.
Codeluppi V. (2001), *Il potere della marca*, Bollati Boringhieri, Torino.
Cohen S. (2002), *Folk Devils and Moral Panics. The Creation of the Mods and Rockers*, Routledge, London.
Conti U. (2015), «L'analisi del terrorismo jihadista europeo in una prospettiva subculturale», in Conti U. (a cura di), *Elementi per una sociologia del terrorismo. Temi e prospettive di ricerca*, Rubettino Editore, Soveria Mannelli.
Cristante S. (2005), *Media Philosophy*, Liguori, Napoli.
Deleuze G. (1973), *Nietzsche. Con antologia di testi*, Bertani Editore, Verona.
De Masi D. (2014), *Mappa Mundi. Modelli di vita per una società senza orientamento*, Rizzoli, Milano.
Eco U. (1968), *La struttura assente*, Bompiani, Milano.

Escobar R. (1997), *Metamorfosi della paura*, Il Mulino, Bologna.

Federici M.C. (2016), «Sociologia del terrore, terrorismo e postmodernità», in Conti U. (a cura di), *Elementi per una sociologia del terrorismo. Temi e prospettive di ricerca*, Rubettino Editore, Soveria Mannelli.

Fiorentino G. (2004), *L'occhio che uccide. La fotografia e la guerra: immaginario, torture, orrori*, Meltemi, Roma.

Flichy P. (2014), *La società degli amatori. Sociologia delle passioni ordinarie nell'era digitale*, Liguori, Napoli.

Flichy P. (2007), *The Internet Imagery*, MIT Press, Cambridge.

Foucault M. (1976), *La volontà di sapere*, Feltrinelli, Milano.

Fuchs C., Hofkirchner W. (2009), «Autopoiesis and critical social systems theory», in Magalhaes R., Sanchez R. (eds.), *Autopoiesis in Organization Theory and Practice*, Advanced Series in Management.

Gambetta D. (2006), *Making Sense of Suicide Missions*, Oxford University Press.

Geertz C. (1998), *Interpretazione di culture*, Il Mulino, Bologna.

Gehlen A. (2003), *L'uomo nell'era della tecnica*, Armando Editore, Roma.

Gerges F.A. (2016), *ISIS. A History*, Princeton University Press, New Jersey.

Giddens A. (2009), *Sociology*, Polity Press, Cambridge.

Giddens A. (1994), *Le conseguenze della modernità*, Il Mulino, Bologna.

Guolo R. (2015), *L'ultima utopia. Gli jihadisti europei*, Guerini Associati, Milano.

Habermas J. (1971), *Storia e critica dell'opinione pubblica*, Laterza, Bari.

Hebdige D. (1991), *La lambretta e il videoclip. Cose & consumi dell'immaginario contemporaneo*, EDT, Torino.

Hebdige D. (1983), *Sottocultura. Il fascino di uno stile innaturale*, Costa & Nolan, Genova.

Heller A. (1981), *Sociologia della vita quotidiana*, Editori Riuniti, Roma.

Houellebecq M. (2015), *Sottomissione*, Bompiani, Milano.

Huntington S.P. (2000), *Lo scontro delle civiltà e il nuovo ordine mondiale*, Garzanti, Milano.

Illouz E. (2013), *Perché l'amore fa soffrire*, Il Mulino, Bologna.

Kapferer J.N. (2008), *Strategic Brand Management: Creating and Sustaining Brand Equity Long Term*, Kogan Page.

Kapferer J.N., Azoulay A. (2003), «Do brand personality scales really measure brand personality?», *Brand Management*, vol. 11, n. 2, November, pp. 143-155.

Lapassade G. (1989), *La transe*, PUF, Paris.
Lipovetsky G. (1989), *L'impero dell'effimero*, Garzanti, Milano.
Lombardi M. (2015), «IS 2.0 e molto altro: il progetto di comunicazione del califfato», in Magri P., Maggioni M. (a cura di), *Twitter Jihad. La comunicazione dell'ISIS*, Epoké, Novi Ligure.
Lombardi M., Alvanou M., Fonio C. (a cura di) (2009), «Introduzione», in *Terrorismo suicida*, Franco Angeli, Milano.
Lovink G. (2012), *Ossessioni collettive. Critica dei social media*, Egea, Milano.
Lyon D. (2002), *Gesù a Disneyland. La religione nell'era postmoderna*, Editori Riuniti, Roma.
Maffesoli M. (2003), *Note sulla postmodernità*, Fausto Lupetti Editore, Milano.
Maffesoli M. (1988), *Il tempo delle tribù. Il declino dell'individualismo nella società di massa*, Armando Editore, Roma.
Maggioni M. (2015), «Lo Stato Islamico: una sorpresa solo per chi lo racconta», in Magri P., Maggioni M. (a cura di), *Twitter Jihad. La comunicazione dell'ISIS*, Epoké, Novi Ligure.
Maggioni M., Magri P. (a cura di) (2015), *Twitter jihad. La comunicazione dell'ISIS*, Edizioni Epoké, Novi Ligure.
Magri P. (2015), «Introduzione», in Magri P., Maggioni M. (a cura di), *Twitter Jihad. La comunicazione dell'ISIS*, Epoké, Novi Ligure.
Marcus E., Fisher M.J. (1998), *Antropologia come critica culturale*, Meltemi, Roma.
Marone F. (2015), «Modernità e tradizione nella propaganda dello Stato Islamico (IS)», sito ufficiale del Sistema di informazione per la sicurezza della Repubblica, 29 aprile.
Marone F. (2013), *La politica del terrorismo suicida*, Rubettino Editore, Soveria Mannelli.
Marrone G. (2013), "Terrorismo e iconoclastia", www.doppiozero.com, 2 ottobre.
Mason P. (2016), *Postcapitalismo. Una guida al nostro futuro*, Il Saggiatore, Milano.
Mattelart A. (1997), *La comunicazione-mondo*, EST, Milano.
McLuhan M. (1976), *Galassia Gutenberg: nascita dell'uomo tipografico*, Armando Editore, Roma.
Merton R.K. (1968), *Teoria e struttura sociale*, Il Mulino, Bologna.
Miller D. (1998), *Teoria dello shopping*, Editori Riuniti, Roma.

Molinari M. (2015), *Jihad. Guerra all'Occidente*, Rizzoli, Milano.
Morin E. (1963), *Industria culturale*, Il Mulino, Bologna.
Negri T., Hardt M. (2001), *Impero*, Rizzoli, Milano.
Nestorovic C. (2010), *Marketing islamico*, Egea, Milano.
Palmisano A.L. (2013), «Visione, possessione, estasi. Sulla teoria della trance rituale», in *DADA, Rivista di Antropologia post-globale*, www.dadarivista.com, n. 1, giugno.
Paul P. (2007), *Pornopotere. Come l'industria porno sta trasformando la nostra vita*, Orme Editori, Milano.
Pozzi E. (2004), «La perdita dell'io», in Barile N., Fontana R., Cutrano F., D'Alessandro J. (a cura di), *c:cube*, n. 5.
Razlogova E. (2013), «The past and future of music listening: Between freeform DJs and recommendation algorithms», in Loviglio J., Hilmes M. (eds), *16 Radio's New Wave: Global Sound in the Digital Era*, pp. 62-76, Routledge, New York.
Rifkin J. (1992), *Entropia*, Interno Giallo, Milano.
Robertson R. (1999), *Globalizzazione. Teoria sociale e cultura globale*, Asterios, Trieste.
Rolando S. (2014), *Citytelling. Raccontare identità urbane. Il caso Milano*, Egea, Milano.
Rouget G. (1980), *La musique et la transe. Esquisse d'une théorie générale des relations de la musique et de la possession*, Gallimard, Paris.
Rutherford R. (2007), *A World Made Sexy. Freud to Madonna*, University of Toronto Press.
Said E. (1991), *Orientalismo*, Bollati Boringhieri, Torino.
Sandikci O., Ger G. (2009), «Islam and consumption: Beyond essentialism», in McGill A.L., Shavitt S., Duluth M.N. (eds.), *NA – Advances in Consumer Research*, vol. 36, Association for Consumer Research, pp. 210-213.
Semprini A. (1996), *La marca. Dal prodotto al mercato, dal mercato alla società*, Fausto Lupetti Editore, Milano.
Serres M. (2010), *Tempo di crisi*, Bollati Boringhieri, Torino.
Steele V. (2005), *Fetish. Sesso moda e potere*, Meltemi, Roma.
Steele V. (1997), *Fifty Years of Fashion: New Look to Now*, Yale University Press, London-New Haven.
Striphas S. (2015), «Algorithmic culture», *European Journal of Cultural Studies*, vol. 18 (4-5), pp. 395-412.

Taylor C. (1993), *Multiculturalismo. La politica del riconoscimento*, Edizioni Anabasi, Milano.
Thompson J. (1998), *Mezzi di comunicazione e modernità*, Il Mulino, Bologna.
Tomlinson J. (2001), *Sentirsi a casa nel mondo. La cultura come bene globale*, Feltrinelli, Milano.
Turco A. (2015), *Geografie politiche d'Africa. Trame, spazio, narrazioni*, Unicopli, Milano.
Virno P. (2001), *Grammatica della moltitudine*, DeriveApprodi, Roma.
Wallerstein I. (1996), «La cultura come terreno di scontro ideologico del sistema mondo moderno», in Featherstone M. (a cura di), *Cultura globale*, Edizioni Seam, Roma.
Watzlawick P., Beavin J.H., Jackson D.D. (1967), *Pragmatica della comunicazione umana*, Astrolabio, Roma.

Articoli/Web

Alvarez L., Pérez-Peña R. (12/6/2016), «Orlando gunman attacks gay nightclub, leaving 50 dead», *The New York Time*.
Basile M. (24/8/2016), «Vince la paura: i turisti salutano Parigi», *Il Giornale*.
Belluck P. (16/6/2016), «Fighting ISIS with an algorithm, Physicists try to predict attacks», *The New York Times*.
Bizzarro L. (19/8/2016), «Si schianta in alta quota il base jumper più famoso che aveva sfidato il fuoco», *la Repubblica*.
Booth R., Dodd V., Parveen N. (16/6/2016), «Labour MP Jo Cox dies after being shot and stabbed», *The Guardian*.
Cancellato F. (27/7/2016), «Lo stato islamico è ipermoderno altro che medioevo», *Linkiesta*.
Caramiello L. (4/7/2016), « Sgozzati dai Bamboccioni », *Il Giornale*.
Cillis L. (21/7/2016), «Paura di volare: terrorismo e instabilità internazionale affossano i conti EasyJet e Lufthansa», *la Repubblica*.
Di Biasio D. (26/7/2016), «Il fattore emulazione negli ultimi attentati», intervista a P. Magri, *Radio Popolare*.
Ellis R., Fantz A., McLaughlin E.C., Hume T. (14/6/2016), «Orlando shooting. What motivated a killer?», *CNN*.
Gaggi M. (16/9/2016), «Esplosione a New York: incertezza e stato

d'assedio. Gli attacchi prima dell'Assemblea annuale dell'Onu», *Corriere della Sera*.

Gallori P. (17/8/2016), «Francia, anche Valls contro il burkini. "Incompatibile con i nostri valori"», *la Repubblica*.

Gambaro F. (19/11/2015), «Pennac ora evitiamo lo spettacolo del dolore», *la Repubblica*.

Gander K. (6/6/2015), «ISIS flag: What do the words mean and what are the origins?», *The Indipendent*.

Guolo R. (19/8/2016), «Il percorso per la liberazione», *la Repubblica*.

Hall J. (24/6/2014), «Inside the ISIS gift shop: Online jihadist spring/summer collection of T-shirts, hoodies and baseball caps shocks internet», *Dailymail*.

Henley J. (13/1/2014), «Captagon: The amphetamine fuelling Syria's civil war», *The Guardian*.

Knight M.M. (4/10/2012), «L'Islam era la religione dell'hip hop», *Vice*.

Kristanadjaja G. (24/11/2015), «Come sono diventato un jihadista su Facebook, *Internazionale*.

Maksimovich S. (27/3/2016), «The tattoo in Islam: Haram in religion and halal in terrorism», sarahmaxresearch.wdorpress.com.

Manovich L. (2/2/2016), «100 billion rows per second. The culture industry and media analytics in the early 21st century», *Eurozone Review*.

Martinelli L. (1/9/2015), «Turisti record a Parigi. Così la Francia batte la paura degli attentati», *La Stampa*.

Marzano M. (19/8/2016), «Bikini, burkini e senso del pudore», *la Repubblica*.

Mascheroni L. (17/1/2016), «Intervista con Giovanni Sartori, "Siamo al disastro perché ci siamo illusi di integrare l'Islam"», *Il Giornale*.

Masneri M. (26/11/2014), «Sindrome di Stoccolma», *Il Foglio*.

Mazza V., De Feudis V. (14/6/2016), «Strage di Orlando, Omar Mateen frequentava il Pulse. La moglie forse sapeva dell'attacco», www.corriere.it.

Milman O. (18/6/2016), «Turkish Radiohead fans attacked at listening party in Istanbul», *The Guardian*.

Morozov E. (13/9/2016), «Come difendersi dai feudatari digitali», *la Repubblica*.

Newton P. (4/5/2009), «Al Qaeda exporting jihad with a hip-hop vibe», *CNN*.

Orsini A. (19/9/2016), «Lo Stato Islamico/ Gli anticorpi che funzionano contro Daesh», *Il Messaggero*.

Ortona F. (2/8/2016), «Io infiltrato in una cellula del Califfo», *l'Espresso*.

Paci F. (16/8/2016), «Liogier: "L'ISIS è diventato un brand usato soltanto per avere visibilità"», *La Stampa*.

Ramesh R., Halliday J. (24/9/2015), «Student accused of being a terrorist for reading book on terrorism», *The Guardian*.

Rashad A. (15/10/2004), «KRS-One denounced for countroversial statements about 9-11», *MTV*.

Roy O. (27/11/2015), «Quella dei jihadisti è una rivolta generazionale e nichilista», *Internazionale*.

Seneghini F. (19/8/2016), «Morto il base jumper Uli Emanuele. Ultimo volo con tuta alare in Svizzera. Quando diceva "non sono matto"», www.corriere.it.

Severino E. (10/1/2015), «Ma l'Occidente non ha perso», *Corriere della Sera*.

Spinetti F. (18/11/2015), «Quella droga che rende i terroristi freddi e spietati come macchine», *La Stampa*.

Stabile G. (28/8/2015), «Decapitato e appeso a una colonna. L'Isis strazia il custode di Palmira», *La Stampa*.

Stille U. (23/3/1978), «Ridurre al minimo lo spazio dei terroristi», *Corriere della Sera*.

Dal catalogo

Nello Barile
Brand Renzi. Anatomia del politico come marca

Nello Barile
Sistema moda. Oggetti, strategie e simboli: dall'iperlusso alla società low cost

Luciano Canova
Scelgo dunque sono. Guida galattica per gli irrazionali in economia

Viktor Mayer-Schönberger
Delete. Il diritto all'oblio nell'era digitale

Vito Campanelli
Infowar. La battaglia per il controllo e la libertà della Rete

Fertik Michael, Thompson David
Reputation economy. Come ottimizzare il capitale delle nostre impronte digitali

Francesco Morace
Crescita felice. Percorsi di futuro civile

Andrew Keen
Internet non è la risposta

Andrew Keen
Vertigine digitale. Fragilità e disorientamento da social media

Franca Roiatti
La rivoluzione della lattuga. Si può riscrivere l'economia del cibo?

Charles Fishman
La grande sete. L'era della scommessa sull'acqua

Giampaolo Fabris
La società post crescita. Consumi e stili di vita

Giampaolo Fabris
Societing. Il marketing nella società postmoderna